军事政治学系列丛书——丛书主编·高民政

军队"十三五"重点学科专业建设项目

中国古近代军制文职人员岗位研究

马溯川◎著

时事出版社
北京

图书在版编目（CIP）数据

中国古近代军制文职人员岗位研究/马溯川著．—北京：时事出版社，2022.8

ISBN 978-7-5195-0488-5

Ⅰ.①中…　Ⅱ.①马…　Ⅲ.①军事制度—研究—中国—古代②军事制度—研究—中国—近代　Ⅳ.①E291②E295

中国版本图书馆 CIP 数据核字（2022）第 101468 号

出版发行：时事出版社
地　　址：北京市海淀区彰化路 138 号西荣阁 B 座 G2 层
邮　　编：100097
发行热线：（010）88869831　88869832
传　　真：（010）88869875
电子邮箱：shishichubanshe@sina.com
网　　址：www.shishishe.com
印　　刷：北京良义印刷科技有限公司

开本：787×1092　1/16　印张：10.5　字数：167 千字
2022 年 8 月第 1 版　2022 年 8 月第 1 次印刷
定价：88.00 元

序

千年大国强军历程之文职人员岗位寻踪

兵者，国之大事，死生之地，存亡之道。纵观历史王朝的兴衰演替已经充分证明颠扑不破的真理，任何国家的崛起和兴盛必须有强大军队作为支撑。强国军队需要军事理论和军事技术的革新，更需要军事制度的渐进性变革。

军事制度简称“军制”，研究对象包括领导体制、武装力量体制、政治制度、后勤制度、兵役制度等。将古代军制对应现阶段的军事制度，发现有一种制度是古代军制中并不存在的，这种“新”的制度就是文职人员制度。普遍理解文职人员制度是现代化军队组织形态变革的全新的军事制度。但翻开中国千年历史，文职人员是一直存在的：秦《云梦秦简》中“稟卒兵，不完善（繕），丞、庫嗇夫、吏貲二甲，法（廢）”。唐《旧唐书》卷四十二中“文职事曹参军事，正八品下，掌五府武官宿卫番事”。宋·司马光《资治通鉴》第一卷中“秦国官阶共二十级……，十二级‘五大夫’到十六级‘大夫’都是军中文职人员”。清·李鸿章《办理海军请奖折》中“（北洋水师学堂）‘文武各员，亦皆始终勤奋，著有功効’。”文职人员并不是外军外警发明的特殊岗位，而是中国春秋战国时期就已经存在的。

文职制度带来丰富的文职岗位，这个制度也为秦国军队的强大提供了不竭动力。从数量看，文职人员在军队中的比例相当高，存在大量文职岗位保障作战，大批秦军不用一线战士做保障工作，而是借用地方人才资源，导致秦的军队组织专业化更强，集中优势人力资源用于直接作战，使其军事强大从而国家强大，最终统一六国。

《中国古近代军制文职岗位研究》一书中的文职人员以岗位导向而不是身份导向。以现在文职岗位的特征为标准，即在军民通用、非直接参与作战且社会化保障不宜承担的军队编制岗位从事管理工作和专业技术工作的非现役人员。本书以“按岗索人”为原则，确定古代文职岗位为“保障作战、一般不直接上战场、从事军队管理工作和专业技术工作”的岗位。

全书以时间为纵向坐标轴线，分别按照先秦、秦汉、魏晋南北朝、隋唐、辽宋夏金元、明清的时间顺序，对各个阶段的文职岗位进行探寻、定位及描述，对这些岗位的产生与嬗变进行总结整理。总结出文职岗位发展的六大阶段：萌芽期（先秦）、发展期（秦汉）、融合期（魏晋南北朝）、繁荣期（隋唐）、再次融合期（辽宋夏金元）、深度融合发展期（明清），通过六个发展阶段的史料整理，探究文职岗位产生、发展、融合、繁荣的原因，以及文职岗位服务军队建设的各类功能和作用。

全书以岗位为横向坐标轴线，围绕文职岗位及其代表人物进行描写，介绍这些人物服务军队作战的功能，特别是列举著名人物服务军队、服务战斗、贡献作战能力的史料。如军校教员代表人物选取近代著名思想家严复，大家都知道他翻译的著作《天演论》，实际上他的职业是海军院校天津水师学堂的教员，本书侧重讲述其文职岗位的业绩为中国海军近代化所做的贡献。作为明代的科学家徐光启广为人知，但他同时也是太子的军事教官，熟悉军事且直接服务于最高统治者的他是沟通皇权和军权的“影子”文职，太子登基后徐光启负责推荐前线将领，负责明军先进装备火炮的采购和国产化，还直接负责火炮分队的训练并形成战斗力。从这些耳熟能详的代表人物的军事生涯着眼，从军队文职岗位角度揭开他们身上的面纱，读来有令人耳目一新的感觉。

经历纵向坐标轴和横向坐标轴的中国古代历史梳理，我们整理出古代军制中被尘封多年的“文职人员”们，并勾画出他们的历史贡献和功绩。以史鉴今，当前我军“四个现代化”建设中军事人员现代化最为关键，加紧推进军事人员现代化，必须聚天下英才而用之。本书从中国古代历史长河中梳理文职岗位在军队发挥的作用，为军队文职人员制度寻找“中国智慧”。结合古代文职岗位对历次战争的贡献，我们有理由相信，将会有更多有志献身国防事业的社会人才加入强国强军的建设中，广大文职人员不仅将书写出新的精彩人生，而且将为强国强军的中国梦的实现贡献出自己的力量，在历史上留下浓墨重彩的一笔。

文职人员制度是中国特色社会主义军事制度之一，武警部队要落实好这一制度。“惟改革者进，惟创新者强，惟改革创新者胜”。英雄的人民军队勇于自我革新、重塑重构，需要合理吸收古代军制文职人员制度建设的实践，总结其发展规律和建设教训，不断加强和完善军队文职人员制度建设。

目　录

第 一 章

先秦时期文职人员制度

战争便始终与政权更迭、社会发展相伴随，且越来越频繁，规模越来越大，武器装备越来越精良，与战争相关的战略战术和军事管理也越来越丰富，在《左传》《国语》《战国策》《孙子兵法》等史书与传世兵书、诸子著作之中都有体现。先秦时期的军制发展阶段属于中国古代军制的萌芽期，但是随着中国早期国家结构和军事形态的逐步形成和完善，先秦时期的军队制度也已经初具雏形。“兵者，国之大事，死生之地，存亡之道”。任何国家的崛起和兴盛必须有强大军队作为支撑。纵观历史，王朝的兴衰演替已经充分证明了这一颠扑不破的真理。战国后期，秦国逐步崛起，最终结束战国时割据纷争的局面，统一六国，建立了中国历史上第一个大一统王朝，其所依仗的重要力量，便是强大的秦军。

一、历史背景

夏商时期，社会发展水平不高，部族之间征战较多，这个时期的军事思想可以概括为重视国防，强化军备；用兵有道，谋略致胜；文武结合，法纪强军。

（一）秦军军事制度发展完善

作为战国时期战斗力最强大的军队，秦军在兵法谋略、作战指挥、战斗意志方面都有其长处，除此之外，相对完善的军事制度也是其重要保障。一个国家要有强大的国力，就必须建立、完善包括军制在内的各项制度，必须具有以国家法律形式规定的军事组织规范或行动准则，同时随着时代发展逐步改革完善，从某种意义上说，军制完善与否，往往直接关系到国家的强弱兴衰。《尉缭子》就曾指出："凡兵，制必先定。制先定，则士不乱。"军制是军事力量的组织形式以及领导方法和管理手段的总和，包括军伍之制（军事组织体制）、掌兵之制（军事领导体制）、用兵之制（军事指挥体制）、养兵之制（军事后勤体制）、任官之制（武官制度）、集兵之制（兵役制度）、器用之制（武器装备制度）、教练之制（军事教育训练制度）、动员之制（战争动员制度）、法规之制（军事法规制度）等十个方面的体制和制度。《孙子兵法》有云："法者，曲直、官道、主用也"，"曲直"即军队组织编制方面的制度，也是军事制度的内核。军事力量的结构编成与组织体制，是古往今来军队建设与改革必不可少的命题。依据战争形态的变化在军队中增加新的成分、要素，调整军事力量结构编成，加强军事力量各成分、要素之间的协同配合，无论在古代抑或近现代，都是加强军队建设、提升军队战斗力的必要手段。在先秦时期，军事制度尤其是军队组织编制制度有了相当的发展，出现了一批非直接参与作战的军队人员。

（二）"文职"和"武职"分离

夏商至春秋时期，军队分工相对单一，体现在军事领导机构上表现为贵族大臣和方国首领担任军事领导，军、政统一，文、武不分途。战国以降，社会化大生产进一步发展，社会分工进一步明确，为适应兼并战争与中央集权的需要，要求有一批具有专门军事专长的人来担任各级军官，并要保持军官队伍的相对稳定。"寓将于卿"的制度已经不适应当时的需要，伴随着军事制度的改革，在国君之下，各国先后普遍建立起了以"相"和"将"为长官的统治机构，出现了官员文、武分职，开始有了"将军"和独立的军事系统。在战国各国朝中，实际上已有了两个系统，一个是以"相"为首的文官群；一个是以"将"为首的武官群。《史记·赵世家》记载，缪王"七年，秦人攻赵，赵大将李牧，将军司马尚（将）击之"。我们熟知的廉颇、蔺相如"将相和"的故事也是文、武分职制的体现。《汉书·百官公卿表》云："自周衰，官失而百职乱，战争并争，各变异。”

在文、武分职的背景之下，原有的单一军事系统已不适应复杂的战争环境，军队需要越来越多专业化人才从事专门事宜，也催生了军队编制体制的调整与改革。战国以降，军事指挥结构层级由国君下移至将帅，握有统兵权的将帅组织起一套科学、合理、有效的军事指挥体系。

（三）军事人员分工逐渐细化

文、武分职带来的相对独立的军事系统使得军队需要越来越多专业化人才从事专门事宜，也催生了军队编制体制的调整与改革。如秦孝公时商鞅变法通过奖励军功、选拔军事人才，催生了军队更加专业的人才分工。

成书于战国末期的《六韬》中明确记载“将有股肱羽翼七十二人”，包括“腹心一人，主潜谋应卒，揆天消变，总揽计谋，保全民命；谋士五人，主图安危，虑未萌，论行能，明赏罚，授官位，决嫌疑，定可否；天文三人，主司星历，候风气，推时日，考符验，校灾异，知天心去就之机；地利三人，主三军行止形势，利害消息，远近险易，水涸山阻，不失地利；兵法九人，主讲论异同，行事成败，简练兵器，刺举非法；通粮四人，主度饮食，备蓄积，通粮道，致五谷，令三军不困乏；奋威四人，主择才力，论兵革，风驰电掣，不知所由；伏鼓旗三人，主伏鼓旗，明耳目，诡符节，谬号令，阇忽往来，出入若神；股肱四人，主任重持难，修沟堑，治壁垒，以备守御；通材三人，主拾遗补过，应偶贵客，论议谈语，消患解结；权士三人，主行奇谲，设殊异，非人所识行无穷之变；耳目七人，主往来听言视变，览四方之事军中之情；爪牙五人，主扬威武，激励三军，使冒难攻锐，无所疑虑；羽翼四人，主扬名誉，震远方，摇动四境，以弱敌心；游士八人，主伺奸候变，开阖人情，观敌之意，以为间谍；术士二人，主为谲诈，依托鬼神，以惑众心；方士二人，主百药，以治金疮，以痊万病；法算二人，主计会三军营壁、粮食、财用出入”。其分工已是相当专业精确，涵盖了作战参谋、情报、通信、气象、人事、宣传、后勤、医务等方方面面。在战争过程中，这一系列的支持与保障有时甚至可以决定战争的走向与国家命运。而这其中，有相当多的人员并非直接参与作战，而是为战争提供智力支持或后勤保障，也即军队中的文职人员。

（四）军纪严明

要切实维护国家安全，必须要建设一支能够承担这一使命的强大军队。春秋以前的战争规模较小，兵员以贵族子弟为主，军队建设与战斗力之间的矛盾不太明显。春秋末期到战国时期，兵员扩大到编户齐民，战争规模也迅速扩大，提高军队战斗力就成为各国非常重视的问题。这一时期的军事家和思想家也对此有一些思考，并付诸实践。赏罚分明、纪律严明，是国家军队建设的基本要求。荀子主张以法治军、赏罚分明，“制号政令，欲严以威；庆赏刑罚，欲必以信”。荀子还把礼义作为军队建设的原则，提出了一系列任用统帅、选拔将才以及将兵之道等军事原则和策略。《史记·孙子吴起列传》记载，孙子曰：“约束不明，申令不熟，将之罪也；既已明而不如法者，吏士之罪也。”由于军纪严明，吴国军队战斗力大大提高，吴国才能在春秋末期迅速崛起。严明军纪只是孙子军事安全思想的一个侧面。孙子还指出，管理士兵要“令之以文，齐之以武”。将帅要关心士兵，“视卒如婴儿”“视卒如爱子”，这样才能使士兵“可与之俱死”。再者，“卒未亲附而罚之则不服，不服则难用也；卒已亲附而罚不行，则不可用”。这强调的是要帮助士兵在思想观念上接受将帅的管理、理解军纪的重要性。在此基础上，在日常管理中应坚持刑罚手段的运用。如果文武结合得当，那么将领可以得到士兵的拥戴，军队才会有战斗力。

（五）经济人口大发展

社会是各种人际关系多样化、多层次、多种类的综合体，国家安全中囊括的社会安全包括多方面的内涵，比如相对平衡的社会结构、相对稳定的社会秩序以及逐步成熟的社会保障体系等。先秦时期，从古国时代到夏商周王国时代，中国社会经历了一个从简单到复杂的发展过程，作为一个农业大国，历史上不断发生的各种自然灾害和战争会对其造成巨大影响，影响粮食产量，进而带来社会动荡和政治危机。因此，粮食问题是一个关系到国家安全和社会稳定的政治问题，历代统治者都注意采取有效措施确保国家在面对灾害的时候有粮储备。《诗经》中有“乃求千斯仓，乃求万斯仓”“我仓既盈，我庾维亿”等记载，说明粮食储备已经比较普遍。周代统治者把荒政列为国家重要政策。善于治理国家的人，即使粮仓已满，也不会疏忽农业生产。人是重要生产力，特别是在生产力水平低下的古代社会，人口的多少直接反映了一个国家的经济实力、军事实力和综合国力，人口的增加就意味着社会物质财富、军队兵员的增加。商鞅就把人口当做最重要的衡量国力强盛与否的指标之一，秦国地广人稀，三晋地少人多，从经济和军事的角度来考虑，秦国用奖励田宅和免除赋税徭役的方法招徕三晋人民，使三晋人民在秦国居住、耕作，秦国从事耕作的人力得到增强，粮食产量提高，国家的经济得到发展，相应的军粮也有了更好的保障，还可征调更多本国人民为兵，补充兵员。这一措施为秦国的军事、国力的强盛提供了人力储备。

二、特色文职岗位

伴随着军队专业化分工逐步明确，制度体系日益健全，部队战斗力也因此有所提升。在秦统一六国的战争中，战场之上能征善战的“虎贲之师”起到了基础性作用，而在战场之外，非直接参与作战的文职人员也发挥了巨大的作用。

（一）管理人员

包括腹心、谋士、奋威、股肱之人。腹心“主潜谋应卒，揆天消变，总揽计谋，保全民命”，负责分析战争形势、制定作战计划；谋士“主图安危，虑未萌，论行能，明赏罚，授官位，决嫌疑，定可否”，即负责管理军士，明确军纪；奋威“主择才力，论兵革”，即参与人才选拔与管理。

《孙子兵法·谋攻》认为用兵之道首先应该注意选拔合适的将帅：“夫将者，国之辅也。辅周，则国必强；辅隙，则国必弱。”“知兵之将，民之司命，国家安危之主也。”从某种意义上说，将领的素质决定着民众命运与国家安危。反之，如果将领不堪大任，国家和民众将受到极大伤害。因此，“智、信、仁、勇、严”是将领必须具备的基本素质。大体上是说，将领在用兵时要讲求谋略，治军公正严明、令行禁止，“视卒如爱子”，能够取得士兵的信任与拥护，要有取胜的勇气和信心，攻防有序，“进不求名，退不避罪，唯民是保，而利于主，国之宝也。”

（二）参谋人员

包括耳目、游士之人。耳目“主往来听言视变，览四方之事军中之情”，即负责收集情报，达到知己知彼；游士“主伺奸候变，开阖人情，观敌之意，以为间谍”，即打入敌人内部，离间敌军。这一策略与“合纵连横”的纵横家互相配合，在战场之外发挥出巨大作用。

在秦统一的进程中，多次采用“反间计”离间敌国。尤其是在秦灭赵的统一战争中，间谍、计谋的使用起到了关键作用，为之后大破赵军打下了一定基础。

（三）专业技术人员

包括天文、地利、伏鼓旗、爪牙、羽翼之人。天文“主司星历，候风气，推时日，考符验，校灾异，知天心去就之机”，即分野观察天象、占卜吉凶的术士；地利“主三军行止形势，利害消息，远近险易，水涸山阻，不失地利”，即负责判断军事地形，利用地理条件为制定战略方针、战场准备、指导作战行动等提供依据；伏鼓旗“主伏鼓旗，明耳目，诡符节，谬号令”，即负责击鼓鸣金，旗语交流；爪牙和羽翼为宣传人员，爪牙“主扬威武，激励三军”，羽翼“主扬名誉，震远方，摇动四境，以弱敌心”，既包括战时宣传，提振士气，也包括对敌宣传，进行心理攻势。

孙子认为，要取得战争主动权，就要重视对敌我军情的掌握，做到“知彼知己者，百战不殆”。着重强调用“间”获得军事情报的重要性。“故三军之事，莫亲于间，赏莫厚于间，事莫密于间”。间谍是军队中的重要组成部分，“有因间、有内间、有反间、有死间、有生间。五间俱起，莫知其道，是谓神纪，人君之宝也”。“此兵之要，三军之所恃而动也”。

（四）后勤保障人员

包括通粮、方士、法算等人。“通粮四人，主度饮食，备蓄积，通粮道，致五谷，令三军不困乏”，负责军粮筹措与运送；方士“主百药，以治金疮，以痊万病”，即医务人员，负责保障军队医疗与战场前线的急救护理；法算“主计会三军营壁、粮食、财用出入”，即负责军内财务管理与统筹。

“兵法：一曰度，二曰量，三曰数，四曰称，五曰胜。地生度，度生量，量生数，数生称，称生胜。”这句话强调的是物资储备、兵员数量和质量对国家安全和军事防御能力的决定性影响。战国中期，齐、秦、赵三国已出现军市，且开始对军市进行管理，收取军市租用于军队，弥补军费不足。秦国进一步加强了对军市的管理，军市内商人要自备铠甲、兵器，随时注意军队的开拔或驻扎；私人不可在军市上贩卖粮食，防止商人操纵粮价。除齐、秦两国外，赵国不仅在边境地区设立军市，而且征收租税，由军队自己支配。

（五）国防动员系统人员

除了为军队提供智力支持和后勤保障，直接作用于战争，文职人员还承担着沟通军队和地方的职责。秦时文、武分职已成定制，分别以文官和武将为长官的军队系统与地方行政系统也开始运行。一旦战事来临，需要军队与地方鼎力配合相互保障，这其中需要文职人员担负起沟通接洽的职责。

既然战争不可避免，那么各国也必须重视国防建设，做好战争准备，做到有备无患。墨子虽然倡导“非攻”，但并没有将国家的军事安全寄希望于他国的“仁义”，而是主张进行积极的军事防御。墨子强调，国家的安全和防御是一个长远的全局性的国策问题，和平年代需要在粮食、武器装备、城防、防御计划等各方面做好准备。在《七患》篇中，墨子提到的这七个方面，基本涉及与国家军事安全密切相关的各个因素，如军队建设、城池修缮、邦交策略、积极防御、内政与经济等。而针对

“甲兵方起于天下，大攻小，强执弱，吾欲守小国，为之奈何?”的现实问题，墨子主张：“我城池修，守器具，推粟足，上下相亲，又得四邻诸侯之救，此所以持也。”

(六) 执军礼者

军礼起源可追溯至远古时期，无论农耕祈雨还是部落冲突，巫师祷卜总是伴随在远古人们的日常生活中，从而形成了独具特色的早期歌舞雏形。而到了奴隶社会，尤其是尚巫的商代，卜筮解卦更是常见并被后世文献所记载，且具有浓重的神话色彩。而到了奴隶社会的文化顶峰——周代，军礼制度更加的完备、严谨，“国之大事，在祀在戎”这句话可以说十分具体的描述了军礼在先秦时代的重要意义。

音高定军心、凶吉依五行、听声知胜败，先秦军队中就有这种专门定律听音的神官，他们掌握四方之风、协调音律等。到了西周时期，出现了类似于师旷这种集音乐家、军事家、政治家于一身的大能。师旷本是盲人，但其精通音律、博学多才、宅心仁厚，同时也是治世能臣。在群雄割据的春秋时代，也出现了大量这样的人才，例如师涓等。再后来又出现了孙武等著名的军事家，在《孙子兵法》中亦有着关于乐律对战争影响的论述。可以看出，随着战争的逐渐发展，一些将领也需要掌握与音律相关的能力。

三、文职岗位在先秦的出现

(一) 文职武职杂糅

战国以来，虽文、武分职已成定制，但并不意味着军事战争只与武将有关，文武分职并不意味着文武分家，一旦战事来临，文臣武将需鼎力配合相互保障，这其中也出现文职人员的身影。秦朝中央实行三公九卿制，“九卿”中的太仆掌管宫廷舆马与全国马政，治粟内史掌管租税钱谷盐铁以及财政收支，少府掌管山海池泽收入与手工业制造。这些文官系统，都或多或少与军事战争有所关联。太仆负责训练、管理战马以供军队使用，制粟内史在战时向前线运送粮草补给，少府掌管武器装备的制造，从中央到地方，都有相应官吏负责相关事宜。而在军队中也有相应人员负责马政、粮草、武器制造等事宜，并与朝中官吏对接，承担这一系列职责的军队人员即我们所称文职人员。

（二）全民皆兵体制

秦国推行战国以来的郡县征兵制。据《睡虎地秦墓竹简》记述，男子17岁登记，开始每年在郡县服劳役一个月，到期轮换，称更卒。然后根据需要，随时应征入伍，至60岁免役。男子一生，须服军役两年，一年在本地充当材士、骑士、楼船士，接受军事训练，称正卒；第二年到京城宿卫或到边郡戍防，称卫士或戍卒。这种类似“全民皆兵”的情况，让一些有社会资源和才能的人，都能在军队里发挥自己的才能，大部分是在实践中体现价值，尚且没有在制度层面上推进。

春秋晚期，国人兵役制逐渐废除，普遍兵役制代替国人兵役制，使得各国的兵源、军赋剧增，争霸战争也愈演愈烈。战国时期，郡县制度全面推行，农民为军队主要成分，国家开始实行以郡县为单位的普遍征兵制度。战国时期的一次战役往往投入兵力数万。作战时间不断延长；武器装备的逐渐改良，对士兵的素质、技能提出了更高的要求，因而需要对士兵进行专门训练。战国时期，各国都非常重视军队人员的作战素质，通过训练、考核、招募一批优秀的士卒，被称作“选练之士”，齐国称“技击”，魏国称“武卒”，秦国称“锐士”。选中的素质较高的士卒与从郡县征发来的士兵不同，他们已经不从事农业生产，而是技艺高超的职业军人，成为国家的常备军，在战争中发挥了很大的作用，是各国军队的主力。为了提升战斗力，对军事人员的管理也随着社会历史条件的变化而变化。

（三）军事制度逐渐成形

军事制度简称“军制”，研究对象包括领导体制、武装力量体制、政治制度、后勤制度、兵役制度等。文职人员制度，必须要与之相对的管理制度，比如使用、发现、任务、定岗、考核、退出、保障等，对应现在的岗位基本条件、义务与权利、岗位设置、招录聘用、培训和考核、职务任免、岗位等级调整、教育和管理、待遇保障、人员退出等等制度。宋朝司马光在《资治通鉴》第一卷中有针对文职人员制度的相关描写，秦国军队中文职人员的管理制度“秦国官阶共二十级……，十二级‘五大夫’到十六级‘大夫’都是军中文职人员”。此时期已经开始关于军队中文职人员的类别划分、岗位等级划分以及待遇薪酬划分。

（四）军民融合协作

具备强大的经济实力和军事实力，且两者互相作用，才能成为强国。管子指出，“主之所以为功者，富强也。故国富兵强，则诸侯服其政，邻敌畏其威，虽不用宝币事诸侯，诸侯不敢犯也。主之所以为罪者，贫弱也。故国贫兵弱，战则不胜，守则不固，虽出名器重宝以事邻敌，不免于死亡之患”。先秦诸家的思想中，国内的经济稳定和发展是非常重要的，国家经济富裕的基础是国民富裕。以粮食为核心的农业生产不仅是国家财富的主要来源，也是治国、用兵和安民的物质基础。

四、文职人员代表人物及其贡献

（一）司马错

司马错是中国古典军事史上第一个有全国战略目光，能够制定新战法，突破用兵局限的军师。他组织建设军队基础设施，改革组织管理模式，军事战略、战役、战术三管齐下，屡获奇功。司马错伐蜀是秦统一中国之前一个重大的军事举措，为秦统一中国提供了川蜀物资基地，奠定秦国国力根基，占有灭楚的上游优势。从地缘方面开拓出现代西南疆域雏形。

（二）师旷

音高定军心、凶吉依五行、听声知胜败，先秦军队中就有专门定律听音的神官，他们掌握四方之风、协调音律等。到了西周时期，出现了类似于师旷这种集音乐家、军事家、政治家于一身的大能。师旷本是盲人，但其精通音律、博学多才、宅心仁厚，同时也是治世能臣。在群雄割据的春秋时代，也出现了大量这样的人才，如师涓等。再后来又出现了孙武等著名的军事家，孙武在《孙子兵法》中亦有着关于乐律对战争影响的论述。可以看出，随着战争的逐渐发展，一些将领也需要掌握与音律相关的能力。

五、述评

纵观历史，王朝的兴衰演替已经充分证明“兵者，国之大事，死生之地，存亡之道”。任何国家的崛起和兴盛必须有强大军队作为支撑。战国后期，秦国逐步崛起，最终结束战国时割据纷争的局面，统一六国，建立中国历史上第一个大一统王朝，其所依仗的重要力量，便是强大的秦军。分析战国时期战斗力最强大的军队，除去秦军在兵法谋略、作战指挥、战斗意志方面的长处，相对完善的部队组织形式以及领导管理方法也是尤为重要。《尉缭子》指出：“凡兵，制必先定。制先定，则士不乱”，秦军的军事力量的结构编成与组织体制不仅直接影响其战斗力，决定着秦军的发展，而且实际参与秦政治体制的构建。

第二章

秦汉时期文职人员制度

一、历史背景

秦汉时期军队连年征战，开创与巩固了辽阔的疆域，这得益于其所拥有的强大的军队，军队战斗力体现在多个方面，高昂的士气、精良的装备、科学的训练、娴熟的战术配合、有力的后勤保障等缺一不可，作为秦汉军制中的武职人员，披挂上阵、决战疆场，理所应当地成为战斗力的决定因素，而影响军队战斗力的另一个重要方面则是担负后勤保障的各文职岗位，各岗位各司其职、谋定而后动，成为军队战斗力的有力支撑。

（一）秦汉军制沿革

1. 秦朝的军制

秦朝推行战国以来的郡县征兵制。《睡虎地秦墓竹简》中曾经记载，男子满17岁要登记在册，并每年开始在郡县服劳役一个月，到期轮换，称更卒。然后根据需要，随时应征入伍，至60岁免役。所以每名男子一生，至少要服兵役两年，第一年在当地接受军事训练，主要负责例如军队物资准备、骑兵训练、车船营造等，称正卒；第二年主要负责戍守防卫，区域多为京城或边郡，称为卫士或戍卒。

秦朝虽然推行的是征兵制，但还是以“谪兵制”为主要方式。其原因主要为：首先，前人对兵役和力役并没有较为严苛的区分，秦朝统治者当时耗费大量的物力财力修筑长城、宫殿和陵墓，并已把普通民众征召殆尽，所以募兵戍边也只能从囚犯和身份卑贱者中寻找兵源。其次，秦律严酷、刑法军法严厉，触令犯法者众多，秦灭六国后，流浪脱籍者较多，这些人便成为谪戍的对象。

2. 汉朝的军制

汉朝延续秦制，以“征兵制”为国家法定的兵役制度。服役期限也设定为两年，仍分为正卒和卫士或戍卒两种。不同的是，西汉时期，“征兵制”得以全面推行并得到良好贯彻，同时对于不愿戍边的人，规定可以缴纳一定数额的钱款来代替服役。同时，服役起算的年龄也有几次变更，比如，汉初定为17岁、后改为20岁或23岁，停止服役的年龄到汉昭帝时改为56岁。由此可见，汉代的免役范围比秦朝宽得多。

到了汉武帝时，又逐步推行“募兵制”，即中央戍卫部队开始以“募士”取代“卫士”，此时出现“羽林、期门”允许父死子代，这也成为最早的世袭制的雇佣军。这一时期，驻守边郡的军队渐渐开始将应募者补充进来。到了西汉后期，军队中应募者已经占到了较大比例。同时，对于招募的兵士，有一套较为系统严格的选拔体系，包含体态、耐力、运动技能、才智、心理等多重指标，需要经过多方面考察，才能从中选拔出最为勇敢、聪敏、健康的兵士。到了东汉时，征兵制只在局部地区运作，并未全面展开。

与此同时，“谪兵制”也是汉代最重要的征兵方式之一。西汉除罪犯以外，还将“赘婿”和商贾（甚至连其子孙）都作为谪戍的对象；东汉的谪戍对象主要是刑徒。此外，汉朝还征召调遣属国和周边部族军队参加战争，在这些军队中，“血缘”才是区分的标准，所以说这些军队基本都是依靠血亲集结在一起的武装团体，且主要表现为“族兵制”。

（二）发展原因

秦汉时期，随着生产力的快速发展，生产水平迅速提升、生产工艺不断改良、生产规模不断扩大，军队的体系编成、武器装配、物资运输、后勤保障等都出现了较大变化，较之先秦时期，军制更加完备、更加规范、更加专业、更加细化，军队中很多新的与文职工作相关的岗位应运而生。

这一阶段根据国家的政治体系和军事体系，创立起了既相对独立又相互补充辅助的，以中央为首、涉及地方郡县并且涵盖基层乡亭的倾力保障军队作战需要的多层级统一调配的管理保障体制，为保证军队作战需要发挥了极其重要的作用，这类后勤保障岗位有些就是现代军队文职岗位的雏形。正是有了这种自上而下相对应的、高度集中统一的保障体系，才能举全国之力保障战争的需要。

从历史的角度看，秦汉时期长达近四个半世纪，奠定了“大一统”封建格局的基础，而生产力的快速发展是封建强权政治形成的重要原因。

首先，生产技术的改进提升。生产技术的改进最直接的反映就是武器装备的革新。秦汉时期兵器的种类、数量都大幅增加，统治者为集中统筹对兵器的管理、维护高度统一的集权统治实施了一系列举措：比如建立存放武器的重地，即武库；建立具体规范的兵簿档案、严格的兵簿登记制度，定期检查上报、不定期巡视检校等；规范兵器的生产保管和发放使用，同时做好受损兵器的维护修缮工作。

其次，农牧业的迅猛发展。秦汉时期开疆拓土、安稳边防，历来都是统治者的重心所在，尤其是汉代时期为反击匈奴、抵御袭扰，适应当时战争需要，不得不大力发展骑兵，马政建设更是被提到了重要的议事日程。自汉武帝时起，国家实力大增，面对匈奴等少数族群的滋扰生事，朝廷大举用兵，但由于匈奴部族是“逐水草而居”，被称为“马背上的民族”，这种优势在战争中尤为明显，所以这一时期的战争形态主要是以骑兵为主力。在中国古代战争史发展进程中，“骑兵”这个特殊兵种一直都发挥着不可替代的重要作用。恩格斯曾指出：“无论步兵在会战中起多大作用，骑兵仍然是，而且将永远是一个必要的兵种。现在，像过去一样，任何军队如果没有一支能骑善战的骑兵，就不能指望作战胜利。”

后来在一些史料中，关于这一时期骑兵的记载，也是详尽生动，场面引人入胜。据《史记·张耳陈余列传》记载，“道逢赵王姊出饮，从百余骑”，意思是皇亲国戚仅出行一项，就有一两百名骑马的随从护送，充分说明了当时骑兵数量的可观。又如在《史记·项羽本纪》中所述，“项王乃西从萧，晨击汉军而东，至彭城，日中，大破汉军”。由此推断，项羽在击溃章邯军之后有极大可能在赵地征召能征善战的骑兵，一天的时间甚至更短的时间，可能半天都不到，楚军就攻入彭城、大破汉军，这一仗项羽充分发挥了骑兵的优势，从齐国境内径直奔袭数百公里，打得汉军与联军方寸大乱、毫无还手之力。这些都恰恰证明了骑兵的攻击力之强和行军速度之快，而这也是骑兵作战的特点，充分体现了骑兵卓越的机动性和强大突击力。

骑兵的发展，离不开马匹，这一时期战马的培育、饲养、训练、疾病防治等受到统治者的重视，进而军马场的建设兴起也就成为这一时期的显著特点。

秦朝建立之前，其畜牧业就在农业生产体系中占据了重要的地位。当时的秦国西部接近边陲，靠近农牧交界地带，良好的地缘优势使得秦国拥有了相对良好的畜牧业基础。秦统一六国仰仗的就是其发达的畜牧业。秦汉时期匈奴对当权者的政权统治威胁很大，骑兵又是匈奴所具有的显著战斗特性，而对抗匈奴进攻最迅速有效的方式，就是采取“骑兵对骑兵的战斗方式”。为此，秦朝夺回“河南地”以获得大片适宜、良好的牧区和大量的牲畜，同时也引进优良马种进行繁殖培育。同时，秦朝还专门设置了指定机构负责马匹的饲养，以满足军事战争的迫切需要。西汉建立之初，统治者为了反击匈奴开始不断积蓄力量，在西北边郡建造了大量的马苑来进行马匹饲养，一度使马匹数量达到三四十万匹之多。汉武帝时期，还从大宛和乌孙引进优良马种进行繁殖改良，以改善马匹的质量。与之相辅的是，在抗击匈奴的过程中，大批因战败被缴获的牲畜也被送往内陆各个城郡。后来，随着丝绸之路的开通，西域各国在向西汉朝廷进贡时多以良驹进献。东汉前期，经过几代对匈奴的战争，匈奴战斗力大减，这一时期朝廷通过和北方少数民族的贸易往来获得了大量马匹。到了后期，朝廷还从朝鲜半岛引进了低矮的果下马改良战马品种。

最后，军队职能体系逐渐完善。这一时期，军队战斗力得到锤炼提升，职能体系、文职与武职岗位区分和岗位设置更加条理规范。比如，汉武帝时期，为解决军队后勤物资保障不足，实施了“军队屯田”这一创举。当时战争规模空前，大小战役频次发生，戍边士卒人数众多，军粮长途运输成本高、损耗大，汉武帝开始在边郡设置“农都尉”一职，后又下设“农令、田官”等职位来保障供应军队的农业生产，以实现军粮的部分自给自足。中国的“军事屯田制”应运而生。“屯田制”不仅使军队的边防实力得到大大加强，而且部分解决了驻边防军队的后勤补给问题，缩短了军队后勤保障周转周期，为国家节约了大量经费。军队的后勤保障体系涵盖范围广、种类繁多，比如，军队衣粮草料的补给、储备以及军资的调拨、转运；军队中医务机构与相关人员的配备、治疗方法与药物供应和有关医疗制度的创制等，都为军队创造空前战绩、扩大疆域、建立统一的多民族国家的形成奠定坚实的基础。

二、特色文职岗位

秦汉时期建立和巩固了幅员辽阔的政治、经济、文化和军事统治，这一阶段，军队的数量和战争规模空前，军队编制更加完备、人员配备更加规范、文职岗位设置更加科学。

（一）兵槽、库令

《说文解字》中的“库”字，与仓、廪在本质上是有区别的。先秦时期的“库”主要是指储藏兵车的地方，随着军事的发展需要，后来慢慢增加了其他各类武器装备，渐渐就演变为存储各类武器装备及器械的地方，称武库。统治者为集中军权，加强对武库等军备力量的控制，及时有效地保障军队武器装备的使用，在京师、内郡、边郡的武库都设置了各级管理系统和官员考核管理机制，这是一套自上而下的详细规范的管理体系。例如汉代，中央机构设置太尉或大司马府，府内设“兵曹”，其中“兵曹椽史”主要是指负责兵事器械、管理全国武器装备事务的最高主管部门。此外，各武库设库令、长、承、椽、令史等，他们分别向自己的上一级负责。京师武库令隶属于“中尉（执金吾）”，各郡县武库均设置“库令”，其中郡库设“库令”一职，比郡略小的边郡和县库设置都尉、库长等官职。

西汉时期，朝廷规定由大司农负责收缴民众税赋，并将其作为武库的日常管理开支。汉哀帝时，“侍中董贤方贵，上使中黄门发武库兵，前后十辈，送董贤及上乳母王阿舍。（毋将）隆奏言：‘武库兵器，天下公用，国家武备，缮治造作，皆度大司农钱。大司农钱自乘舆不以给共养，共养劳赐，壹出少府，盖不以本臧给末用，不以民力共浮费，别公私，示正路也’”。“大司农”这一职务有多种别称，比如秦代称为“治粟内史”，负责掌管农商。汉朝景帝之后将其更名为“大农令”，汉武帝太初元年正式启用“大司农”称谓。据《续汉书·百官志》记载，其主要负责金银、谷物、货币、税赋、田租等。西汉“民年十五以上至五十六出赋钱，人百二十为一算，为治库兵车马”；“有赋有税。赋共车马甲兵士徒之役，充实府库赐予之用”（《汉书·食货志》）；“因井田而制军赋……有税有赋。税以足食，赋以足兵”（《汉书·刑法志》）。“税，少府掌管，归属皇室；赋，大司农掌管，归属国家，赋钱的用途是供应军需”。这些都充分说明，百姓税赋才是国家武库经费的重要来源，所以谓之“公用”，而天子私人犒赏应来源于少府。且兵器乃“国之重器”，只能国家军队使用、不得私相授受，即使是天子也不能例外。

武库是武器装备聚集重地，直接关系到国家的安危，统治者历来高度重视，所以对于武库吏员的任命非常慎重。一般情况下，委派库令、长也是有选择的。比如，汉代河间惠王刘良（公元前 32 年—前 5 年在位二十七年），正式即位之前曾经担任过上郡库令一职，这也反映出当时重要岗位官吏任命的一个趋势，即统治者选择重臣、亲信之人或宗室子弟出任武库长官。因为他们是朝廷宗室、位高权重的臣子，地位、家世和资历都较普通官吏更为优越，任用他们担任武库官吏，便于王朝直接而有效地控制武库。这些都说明“武库长官”是秦汉军制中较为特殊且极其重要的文职岗位，所担负人员须由统治者钦定委任。

武库是收藏贮存兵器之所人所共知，但其实，武库不仅收藏兵器，在汉代同时也是监制修缮兵器的机构。平时由库卒把守兵器库、库啬夫负责日常管理工作，缮卒负责兵器的维修保养。武库内的兵器除了日常的使用维护外，还需要经常调试检查，如果因管理维护不力而造成武器损坏甚至遗失，主管官员就要受到不同程度的处罚，轻者罚赀、重则训斥罢免甚至以重大罪治之。据秦简中《效律》规定，“甲旅扎羸其籍及不备者，入其羸旅衣札，而责其不备旅衣札”。说明实际领用与武库簿籍的记载如果不一致，超出的应上缴、不足的部分要进行补赔。这也充分表明，对于武库中武器装备的数量记录，管理人员必须严谨负责，如果出现短缺就要承担相关责任。此外，兵器的发放也要登记在册。如《工律》记载，“其假百姓甲兵，必书其久，受之以久。人限（假）而毋（无）久及非其官之久也，皆没入公，以资律责之”。意思是武器的领用和收缴必须按照严格的章程进行，官府的物品上都有专用标记，使用和上交必须按照标记收还。如果收缴的武器上面没有官府标记或与指定标记不符的，一律没收充公，并依照相关规定做出赔偿。这些规定的颁布施行，在最大程度上避免了武器的丢失，提醒使用者务必爱惜并保管好自己领用的武器装备。

据《睡虎地秦墓竹简·秦律杂抄》所述，“禀卒兵，不完善（缮），丞、库啬夫、吏赀二甲，法（废）”。“禀卒兵”是指将库存的兵器物资发放给士卒。按照大秦律法的规定，如果出库的兵器有质量问题，那么管理武库的丞、啬夫、吏就要受到严厉处罚，并撤销其职务，永不叙用。这就要求武库官员在兵器入库时就必须仔细检查其数量、质量，入库后还要妥善保管，不能使其锈蚀损坏，发现任何损伤要及时登记并上报等等。《秦律杂抄》中曾记述，“臧（藏）皮革蠹突，赀啬夫一甲，令、丞一盾”。意思是储藏的物品如果被动物啃噬咬坏，则要对该府库的啬夫、令、丞等做出不同程度的处罚。此外，武库日常管理也非常严格，比如武库重地禁止烟火，24 小时都要有啬夫和官吏更替值守。

除此之外，武库还具有一定的生产制造能力，先秦时期就有先例。《续汉书·百官志》中曾提到，“执金吾属官有武库令，主兵器”。这里的“主兵器”指的是除了武器储存维护外，还包含武器的生产，只是汉朝时武库的生产制造的职能较以往有所削弱罢了。

秦汉时期的武库不仅是制造、储存武器装备的场所，同时也是军工原料的供应点。秦简《效律》《金布律》中都曾有过记载，“官府藏皮革，数楊风之。有蠹突然，赀官啬夫一甲”，“县、都官以七月粪公器不可缮者，有久识者靡之。其金及铁器入以为铜。都官输大内”“已禀衣，有余褐十以上，输大内，与计偕”……《吕氏春秋·季春纪》中也提到，“命工师令百工审五库之量，金铁、皮革、筋角、齿羽、箭干、脂胶、丹漆，无或不良”。这里列举出的物品主要是制造武器、军装的原材料，同样是存放于武库中的，其在存放过程中对存放环境和标准更为严苛，比如要注意防虫、防潮、防腐、防火、防盗等。

秦汉时期为保证军事扩张和战争的需要，统治阶层牢牢地控制了铁兵器的批量生产，从某种程度上可以说是推动了铁器时代的加速发展。“铸铜既难，求铁甚易，是故铜兵转少，铁兵转多。年甚一年，岁甚一岁，渐染流迁，遂成风俗。”对此，颜师古和马端临都曾说过，“往者秦销兵刃，陈涉起时但用鉏耰及戈戟之以相攻战……聚天下兵器于咸阳，铸为钟鐻，讲武之礼，罢为角抵”。统治者为了保证军队配备有充足的武器装备，还专门设立了武器制造的相关部门和专职官吏。它的一整套系统主要包含这几个部分，即首先由“中央少府”“太仆下辖的考工”“尚方”等部门主管，个别时期也由“佐戈”“若庐”负责制造兵器；然后由各级工官主要是各个郡国的工官负责监造。同时，为确保武器生产水平的稳定性、武器的规格和生产技艺达到标准，秦汉规定凡所制作器物必须刻上生产作坊和制造工匠的名字。此外，还要求必须严格按计划生产，制造的器物要经过相关部门的考评和验收。当时，朝廷批准的手工业作坊几乎都为官营作坊，生产过程实行分工，兵器各个部件都有专门作坊制造，类似现在的流水线作业，这样就为兵器的批量生产提供了可能。秦汉时期所产兵器，均藏入兵器库，随时听中央调用。

汉代时期的武库可以达到多大规模呢？通过对尹湾汉简《永始四年武库兵车器集簿》的资料整理收集，可以粗略地判断出当时储存武器的数量、种类以及储存方式。其中皇室所用器物都以“乘舆”命名，其余均冠以“库兵车”称谓。比如，“乘舆‘弩’一万一千一百八十一件，乘舆‘弩矢’三万四千二百六十五件，‘弩’五十二万六千五百二十六件，‘弩弦’八十四万零八百五十三件，……战马‘首铠’九万七千五百八十四具……”这部集簿还记述了相关防护用具、马鞍、马镫等信息，从另一个侧面反映了当时骑兵武器装备的进步，凸显出西汉时期骑兵的作战方式日趋完善和成熟，到达了一定高度。

（二）太仆、大厩

如前所述，大量武器装备的生产、保管及使用是为了战争需要，而战争中与武器同等重要、服务于战争的就是战马。汉代初期的统治者，逐步开始注重骑兵建设，与此紧密相关的比如骑术训练、战术演练、骑兵数量和规模的增加、马政等也同步展开。“汉文帝三年，……其发边吏骑八万五千诣高奴”“郎中令张武为车骑将军，军渭北，车千乘，骑卒十万”，“是以文帝中年，赫然发愤，遂躬御鞍马，从六郡良家材力之士，驰射上林，讲习战阵，聚天下之精兵，军于广武勒车骑材官士，募郡中勇敢，部署将印”。这些史料说明当时骑兵数量剧增、已突破了十万大关。而有骑兵就必然少不了“战马”，战马在战争中的地位和作用更是不断凸显，使得当时的统治者不得不重视“马政”。

先秦时期马政就开始初步萌芽，随着历史的发展进一步规范和扩展，秦汉时期马政的专门机构已基本形成，有了正式的称谓和职能，相关政策和措施也更加完备，关于马匹的牧地、马种的改良都有所扩展。西汉时期，在中央沿袭秦朝，设立太仆及其属官管理马政相关事宜。秦汉时期为扩充马匹、解决马源不足，制定了多项法规、建立了多座军马场，曾经的祁连山下山丹军马场就是汉代名将霍去病一手打造起来的。山丹军马场地处祁连、焉支两山间，是丝绸之路的重要通道，具有重要的战略地位。直到今天，它依然是亚洲最大、世界第二的著名马场。

秦朝时期已有官府的养马机构和吏员，当时“太仆”总管马政，主要负责乘舆马匹，职责类似于今天的交通管理。当时京师附近都设有养马机构与吏员，“厩啬夫”“皂啬夫”都是县养马机构的具体负责人。除了厩，郡县中还有“苑”。秦简中有“厩苑律”，写有“禁苑”“公马牛苑”等。《玉海》曾这样描述，“始皇寓宇内，六国万骑之国马尽归于秦”。

汉承秦制，并不断发展推进。如《汉仪注》所记，“太仆牧师诸苑三十六所，分布北边、西边。以郎为苑监，官奴婢三万人，养马三十万匹”。由此可见汉景帝时期，关于马政的制度和建设正在逐步加强和完善。又如《汉书·百官公卿表》中记载，“太仆，秦官，掌舆马，有两丞。属官有大厩、未央、家马三令，各五丞一尉。又车府、路軨、骑马、骏马四令丞；又龙马、闲驹、橐泉、騊駼、承华五监长丞；又边郡六牧师菀令各三丞；又牧橐、昆蹏令丞皆属焉。中太仆掌皇太后舆马，不常置也。武帝太初元年更名家马为马挏马，初置路軨”。可以看出，汉代时马政机构和相关官吏的设置较秦时更为完备。

汉代中央养马机构的官吏，最高职位仍然是“太仆”，除了直接辅助太仆的有两丞之外，其下的各厩皆有令、丛。其中有的设“令”，有的设“长”。如大厩、未央、家马三厩中设“令”为总管，“令”以下又设“五丛一尉”。西汉官方马厩遍布全国，各有分工，相互配合，政府对马厩有较严格的管理，显现出西汉政府良好的行政秩序。但此时，太仆所掌不只是提供皇家御用，还包括一般的国家军队用度，据《汉书·百官公卿表上》中的记载，“太仆”在边郡有六个牧场且养马数量巨大，其中包括大批军马供军队使用。东汉时期，太仆机构虽多有并省，但地方牧场仅保留了汉阳一地，并且太仆下辖为“三令”，即车府令执掌“乘舆诸车”；未央厩令执掌“乘舆诸马”，“乘舆”一词在当时为专用词汇，仅指皇帝御用；“考工令”一职的名称中并无“御”字，可见其所作器皿并非皇室特供。据《续后汉书·百官志补》所记，“太仆卿中二千石，周太仆正也、秦、汉因之；车府令，六百石，主乘舆诸车；未央厩令六百石，周校人职也，主乘舆及厩中诸马；长乐厩丞一人；首着苑四所，一人守之；承华既令同未央眠”。又如《通典·职官典》中的记述，“周移王置太仆正，命伯为之，掌舆马，秦因之，在周官则校人家马，巾车掌车，及置太卜，兼其任也。汉初，夏侯婴常为之，领五监六，皆有令；王莽改太仆为太御，后汉太仆与汉同，亦掌车马。”到了东汉后期，太仆机构有时又根据现实情况变化偶有增设。

据《汉旧仪》记载，“太仆牧师诸苑三十六所，分布北边、西边，以郎为苑监，官奴婢三万人分养马三十万头，择取教习，给六厩；牛、羊无数，以给牺牲”。此外，汉代时期统治者出台了较多关于马政的法律规定，内涉及马种的选择、培育、饲养、训练、马匹流向等。比如张家山汉简《二年律令》中的《津关令》部分明确提出，要严格控制国内马匹外流，并且对买马也有严苛的限制规定。例如，史料记载，“禁民毋得私买马以出扜关、陨关、函谷关、武关及诸河塞津关”。意思是禁止百姓私自买马出境，目的在于禁止马匹擅自外流，这样做还有一个目的就是出于军事和经济安全的考量，避免重要资源外流、削减军队战斗力。汉代统治者在马政建设方面考虑较为周全，除了马匹数量上的增加外，还注重马匹品种的改良，比如《汉书·南匈奴传》中记载，“今北匈奴见南单于来附，惧谋其国，故数乞和亲，又远驱牛马与汉合市。元和元年（84 年），武威太守孟云上言北单于复愿与吏一人合市，诏书听云遣驿使迎呼慰纳之。北单于乃遣大且渠伊莫訾王等，驱牛马万余头来与汉贾客交易然匈奴贪，尚乐关市，嗜汉财物，汉亦尚关市不绝以中之”。此外，如有属国、藩国想购买马匹，必须要履行严格的程序，即上报朝廷并最终由统治者决定其是否可卖，足见中央对马政的看重，“马匹”也成为一种独特的资源，事关国家利益与安全。

汉代朝廷加强对马匹的控制，但并不妨碍养马业的发展。因为受气候和地域的限制，西汉时期适合马匹培育的区域主要集中在关中与西北一带。同时，经历汉初的休养生息，社会经济逐步得到恢复和发展，政治家晁错适时向当权者提出了“马复令”的建议。如《汉书·食货志》记载，“今令民有车骑马一匹者，复卒三人。车骑者，天下武备也，故为复卒”。按照“马复令”的规定，如果普通百姓拥有一匹战马，三人的徭役就可以减免，鼓励政策的力度可以说是相当大，这必然会推动养马业的巨大发展，进而推动骑兵建设。可以说，这一时期的马政出现了繁荣的景象，“太仆见马遗财足，余皆以给传置”。“益造苑马以广用，而宫室列观舆马益增修矣。”“众庶街巷有马，阡陌之间成群，而乘字牝者傧而不得聚会。”此外，汉武帝时期还派遣“二师将军”李广利征伐大宛，其中一个重要原因就包括争夺马匹，进而培养优良的战马品种。“汉军取其善马数十匹，中马以下牝牡三千余匹”“宛王蝉封与汉约，岁献天马二匹”……除了战马品种的改良和培育外，汉武帝还主张引进“苜蓿”，以改善马匹的草料、增强马匹的体质，对此，《大宛列传》就有记载，“马嗜苜蓿，汉使取其实来，于是天子始种苜蓿”。

马政官吏对马匹除了饲养、培育、训练等一般职责外，马匹病故也有一整套完善的处理程序。按照规定假使马匹死亡要进行登记，形成“爰书”，比如，“始建国四年，正月驿马病死爰书”，“元凤四年骑士死马爰书”等。紧接着，所负责的官吏就要对马匹死亡的及时上报，并由上级官员出具鉴定文书说明马匹的死亡原因。例如，“吞北隧下驹死案，永以县官行警檄恐负时骑马行檄驹素罢劳，病死”，表达的意思是，“永”这个人骑马外出为县官办事，由于着急赶路，没有及时关注马匹状况，导致马驹疲劳而死，接下来“放不以死驹服用，永不当负驹，放以县官马擅自假借坐藏为盗请行法”，意思是，塞尉“放”不将死马驹给永同时又擅自将县官之马外借，最终“获教敕要颂放毋状当并坐叩头死罪敢言之”即是，因此“永”不需要负任何责任，而“放”要负全责，并接受处罚。

此外，马场饲养的马匹一旦得病，或重病而死，作为管理马匹的官吏除要及时上报外，还要对马匹生病、死亡的具体情况详细调查，并写出报告。例如，《敦煌悬泉汉简释粹》记载，“传马死二匹，负一匹，直万五千，长、丞、掾、奋啬夫负二，佐负一”。按照该记录的描述，当时马死亡二匹、受伤一匹，各级官员要分别按照职务高低、负责的具体事务来划分相应职责并按比例负担死亡的损失。

再比如，有一份报告病马死亡验证结果的文书这样写道：“建昭元年八月丙寅朔戊辰、悬泉廐佐欣敢言之、爰書、傳馬一匹、牡。左剽、齿九岁、高五尺九寸、名曰亲鸿。病中肺、涕出睾、饮食不尽度。即与啬夫遂成·建杂诊、馬病中肺、涕出睾、审证之。它如爰書，敢言之。”这份文书记载的内容包括该马匹的所有基本信息，比如品种、毛色、年齿、身高、病情、病状等，然后还有参加验诊者的职务、名字以及结论等相关的详细信息。除此之外，马匹即使死亡也要及时卖出，卖马所得必须上缴国库，可以说马匹即使到了生命的尽头还在贡献自己。关于马匹死亡的原因、地点还有很多细则规定，比如马匹因公务外出不慎死亡，便在当地及时卖出。关于价格多少也是根据马匹自身的状况而定，并且明文规定如果所卖出的价钱达不到官方的标准是不允许的，差额部分必须由负责的官吏补足。与此同时，每匹马所卖出的时间、地点、价格等要素都要及时登记在册，款项必须在规定时间内足额上缴。

综上所述，作为一种特殊的重要的战略物资，汉代政府对马匹是非常重视的，规章制度涵盖了多个方面，其中包括马匹饲养、训练、疾病的治疗、马匹交易等。汉代时期这种齐备完善的马政制度，在很大程度上保护了这一稀缺资源，对提升军队战斗力奠定了重要基础，对汉代开疆拓土、安邦立国有突出的贡献。

（三）农令、农亭

俗话说，“兵马未动粮草先行”，粮草对于军队的重要性无需赘述。军队的粮草供应，主要取决于国家粮食储备供给系统，若这一体系出现问题，对军队来说后勤保障难以为继，战斗力也将受到致命打击。而当时的现实情况是，边远偏僻地区的粮仓难以保证集结于当地的大量军队的军粮需求。与此同时，内地向边疆地区运送粮草往往因路途遥远出现运输时间长、运费成本高、粮食损耗多、气候因素影响较大等问题。因此，“屯田”便成为解决问题的最佳方案。

屯田是指驻守边塞的军队在戍边的同时从事农业生产，以求解决粮草补给问题的一种后勤保障方式。汉代屯田的产生与当时的历史背景有密切关系。汉初之时，国家实力不济、经济羸弱，以至于“自天子不能具钧驷，而将相或乘牛车，齐民无藏盖”。在军事方面汉朝边境不断受到匈奴侵扰，“汉兴以来，胡虏数入边地，小入则小利，大入则大利；高后时再入陇西，攻城屠邑，驱略畜产；其后复入陇西，杀吏卒，大寇盗”。为了应对匈奴的入侵，汉代统治者开始加强中央集权并进行一系列制度改革以重振经济，同时开始大规模的征兵、屯军以建立维护边塞地区的稳定。为确保边塞驻军正常军事活动的运转，需要面对的首要问题就是粮草的供应，而解决粮草供应问题的最佳办法就是“屯田”。据史料记载，“是后（元狩四年的漠北战役后），匈奴远遁，而幕南无王庭。汉度河自朔方以西至令居，往往通渠置田，官吏卒五六万人，稍蚕食，地接匈奴以北”。所以汉便于此时实行了屯田制度。西汉政治家晁错在《募民徙塞下疏》中曾提到，“令远方之卒守塞，一岁而更，不知胡人之能，不如选常居者，家室田作，且以备之”。说的就是从汉文帝时起，为减少粮草辗转运送、费力耗时、徭役不息之苦，确保边疆驻防部队的粮食供应，开始在边郡进行垦殖，汉武帝时开始实施大规模的军事屯田。

应该说，汉代的屯田制带有明显的军事属性，与军事活动紧密相关。此外，屯田还是一种农业生产活动，又蕴含着政府的强制性，所以总结归纳起来汉代的屯田制是一种带有国家强制性的军事辅助性的农业生产活动。

秦汉时期主管屯田的官吏中，级别最高的官员为大司农，下辖官吏的名称则有很多，比如屯田校尉、郡农都尉、戊己校尉、劝农椽等。例如，《百官表》中就曾记载，“农都尉、属国都尉，皆武帝初置”。《后汉书·百官志》也曾记述，“边郡置农都尉，主屯田殖谷”。统治者增设这些农官的最大初衷就是“广开公田”。他们的职责是在确保边疆安全稳定的前提下，在境内及边疆区域开辟大量“公田”，通过管理好屯田事宜，以此增加国库收入。还比如，将每年屯田的积谷数及时准确地上报大司农。正是因为这些官吏对国家田地的经营认真负责，从而出现了“民不益赋而天下用饶”的可喜局面。

与此同时，在一些较大的军屯地区，这一体系更为复杂。具体管理军屯事务的官吏有农令、候农令，其下设田（农）官，田官下设农长，农长下设农亭，因而“农亭”就是军屯系统中最基层的一级组织，亭长为主事。由此，边郡的军事屯田就形成了一整套完整齐备的组织领导体系。同时，屯田制的成功施行除了需要适合的自然条件和满足一定的社会条件外，还需要一个相对稳定安全的农业生产环境，这就要求朝廷对屯田地区具有管控能力和防卫能力。这也就能解释为什么西汉时“自宣帝以后，西汉政府的兵威渐渐不足以保卫边疆的屯田，跟着边防军的撤退，于是大部分的田卒陆续回到中原”，东汉时期“到安、顺之际，诸羌叛变，西北边境秩序大乱，以前屯田皆被废弃”。

汉朝统治者为保护边塞地区军民和屯田的安全建立了“都尉将兵巡防制度”，相关史料的记载从出土的《居延汉简》可窥探一二。“地节三年四月丁亥朔，将兵护民、田官……十一月辛丑，将兵护民、田官。居延都尉章。十二月辛未，将兵护民、田官……”从简文的记述可以得知，“居延都尉”一职主要负责的是护民、护田，并且巡防的时间一年之中有三个月，即农历四月、冬月和腊月。此外，为了保证“都尉将兵巡防制度”的顺利开展，汉朝统治者还建立了相关的考勤考核机制，比如简文中有“方田都尉不数循行严”，就是对都尉有无按照计划安排的要求、时间和内容进行巡防的记录考核。

东汉王莽末年，“天下旱蝗，黄金一斤易粟一斛；至是野谷旅生，麻菽尤盛，野蚕成茧，被于山阜”。可见当时的社会经济生产遭到严重破坏、百废待兴，百姓生活潦倒、易子而食、饥荒遍野。面对当时的困境，汉光武帝刘秀将西汉的屯田制从边境扩大到内郡。建武五年，准许马援“屯田”上林苑，是以“是岁（建武五年，即公元 29 年），野谷渐少，田亩益广焉”。至此政府粮仓得到了极大的丰富和充实，建武六年刘秀发布诏书，“顷者师旅未解，用度不足，故行什一之税。今军士屯田，粮储差积。其令郡国收见田租三十税一，如旧制”。这些都说明屯田制在内郡的推广取得了巨大的成功。

正如《西汉的屯田》一文中所说的那样，“历史上无论是军屯、民屯、商屯、盐屯，其名目虽各不同，但实质上都是军事性的屯田，都是为了解决当时边区军事给养而设置的”。

（四）医吏、医卒

按照《说文解字》的描述，最初的“疫”“医”“疾”都与军事有关，字首偏旁或为“殳”或为“矢”。其实，“殳”和“矢”都是古代的一种兵器，“役”字就好比人负“殳”出征，古语中将作战称为“役”，也有“兵役”之意味。

秦汉时期随着战争空间和规模的扩大，大量锋利的铁制兵器投入使用，参战人员增多，军队中的伤员数量大幅攀升，处理和救治问题也日渐突出，因此，医疗保障就成为军队后勤保障中的重要组成部分。据《汉书》的描述，在平定“七国之乱”的战争中灌夫“身中大创十余，适有万金良药，故得无死”，这主要得益于当时军队中储备了一定种类数量的常用药品和医吏的及时救治。

“都尉府”“侯官”是汉代时期才开设的两个专门的医疗机构，并且只有高层屯戍组织才具备的，同时配备有一定数量的必要的医疗储备。比如，每个烽燧四、五人，每个候部三四十人，对于不便设置专门医务机构的军队，则在普及药物基本知识的基础上，进行必要的药物储备。烽燧和候部属于同一医药管理系统，候部有自己的医疗储备，并非由上级官署配备，而是自行采购，具有独立性。隧长的职责是为候部采购药物、配发和检查各烽燧的药物储备。由于戍边地区条件恶劣、医疗水平相对落后，士卒一旦染病，极易引发群体性疫情，必然会导致军队战斗力下降、打击士气，所以历朝历代都十分重视戍边士卒的卫生健康状况。比如，在两级医务机构中储备有一定数量的常见药品，同时将药品的保管、使用和补给情况列入医官任期内考核的重要指标之一。此外，燧长向侯官报告士卒疾病情况的行为已经开始规范化、制度化。

按照史料记载，燧长在向上级官员报告所属人员身体状况时，应按照规定的内容、范式逐一列举。比如，士卒患病的具体时间、症状、疾病是否具有传染性、疾病的发展阶段等，以及患者的个人信息，包括姓名、年龄、籍贯、病史等，在《居延汉简》中，这种汇报文书被称作“病死爰书”或“移病爰书”。除上述之外，军医接诊或巡诊后，还要对他们医治的重病号写出“病诊爰书”，也就是将患者的所属单位、姓名、患病时间、病情及治疗情况都一一记录下来，类似我们今天的病历。同时，和现在的医院一样，所有记录都有制式的文本，其目的是规范存档，便于统治者及时掌握戍边部队的健康状况，进而对军队战斗力做出相对客观合理的预判。爰书根据向上级的报送时间可分为日报、月报和年报三种。比如，“甘露二年十一月丙戌朔己丑候史奉亲敢言之即日病头痛”。“始建国天凤二年二月戊辰朔戊寅第十搂候长良敢言之，谨移戍卒病死爰书旁行，衣物券如煤敢言之……元康四年吉月屋子朔甲展望泉樊长忠敢言之侯官，逹写移病卒义书一编，敢言之”。从上述资料可以看出，作为两级医疗机构的负责人——燧长和候长，他们的职责之一就是向上级汇报所属人员的身体状况，并且要做到及时、准确、不得隐瞒。而患病士卒需要就医，其程序也和当前的军人就医需要履行的手续非常相似，需要个人写清患病情形并逐级上报审批，待上级批准后，履行请假手续，完成整套程序才能外出就医。

据《汉宫》记录，在“光禄勋下，设有宫医卫士 81 人”，属于保障戍卫京城军士的专门医疗机构，至于其他地方军队中都置有医药和相应的医疗机构，甚至边防军及边郡移民中也设有一定的医疗机构。《汉书·晁错传》记载，“此民所以轻去故乡而劝之新邑也，为呈医巫，以救疾病”。政治家晁错曾建议当时的汉文帝可以招募普通百姓迁徙边地，以便开垦边地、开展耕作，以保证粮饷自给自足，这些都充分说明当时边地的医疗水平具备设立专门机构救治疾病，医疗机构编配有军医、医吏、医卒等。根据简文记载，“医卒夏同，予药二齐……”，由此可见，当时的医疗机构人数编配较多、分工明晰，有现在医院的雏形，比如分成若干小队，有的负责采药、制药，有的负责配药、消毒，有的负责诊疗、护理等工作。为了便于戍边军士就近就医诊治，汉代下设了边地医疗系统的医疗中心——侯官。“病年日月，署所病，偷不偷，报名籍侯官，如律令”。这个资料就是侯官下达给下属机关的命令文件，即要求下级机构及时、准确统计上报患病士卒的情况，包括患病时间、患病细节、病情进展等。除此之外，在治疗病患的过程中，要有专人负责，同时负责的医吏无论是个人原因还是其他客观因素，总之出现任何特殊情况都必须及时上报侯官，以保证患病士卒的治疗进程不被打断、保证治疗的规范性和连贯性。而如前所述的“病卒爰书”等则是病历证明文件，记录了详细的患病过程和治疗过程，同样需要提交并存放于侯官处，目的也是为了统一存档管理、以备后期翻阅查看，方便上级机构及时掌握部队情况。侯官的医疗中心作用可见一斑。

医疗机构中的吏员任务明确。主要表现：一是负责看病治病。比如史料记载有医者为关羽刮骨疗毒、派遣“官遣医诊治”和“请令就医”等，都说明了医疗机构中的军医看病治病是他们的第一要务。二是负责记录病历、籍薄等。军医给伤病员看完病后，还要将病情诊疗情况记录在案、汇集成册、保存管理。

综上所述，秦汉时期的军队中有关医学的相关记载还是不少，但囿于医疗水平的落后、医学知识的匮乏、医疗机构的缺少，“军医”这一特殊群体更多的是兼任而非专职，甚至说医疗记录的规范性还远远不够，但不可否认的是，这一时期的很多医疗制度都是现代军队医疗的发端，比如包括军队名册的记录；军用药品的采制、保管、使用；士卒请假就医的程序；医吏人员的考勤；专人专病负责制以及疾病的统计汇总、疾病的预防等。这些都反映出，当时的军政机构对兵士的身体健康情况很重视，医务机构和人员配备也具有一定规模，充分说明了当时统治阶层对各种疾病给军队造成损害的认识比较深刻，因而对军队医疗从药物供应、治疗手段等相关制度方面都给予了相当水平的保障。

（五）啬夫、乡佐

军费开支是保证军队正常运转、任务顺利完成、军事力量稳定壮大的重要物质基础，加强军费的管理使用，直接影响军队的战斗力、决定军队的经济效益和军事效益。

先秦时期，军队中就有了专职会计“法算”一职，当时主管国家军费开支的最高部门是大司农。军费的征集、支出，以及军马粮草的筹措、运输、供给均由大司农统管。大司农的下设属官较多，包括“大仓令、均输令、平准令、都内令、籍田令、铁市长”等，分别负责国家粮仓、运输和物价、钱帛的库藏、田籍粮谷、盐铁专卖、铁器管理等费用的收支与管理。而除了中央财政管理体系外，在地方郡、县、乡、里也设有自上而下的财政机构。各级地方财政机构的政府官员，都担负有保障军队所需的职能。比如，“啬夫”“乡佐”的主要职责是“职听讼，收赋税，派徭役”，正是由于有了他们这种自下而上的军费物资收支管理体系，各级军队尤其是驻扎偏远地区的军队所需的财资供给才能得到保证，军队的一系列日常训练战备工作才得以顺利开展。

“啬夫”一词，本意是指收获庄稼的人，随着时代的发展，这一词语被赋予了更多新的内涵。到秦汉时期，啬夫就是指某一地区或某一部门的负责人，啬夫之下还设置有其他的辅助之职，比如“乡啬夫”的下级设有“乡佐”。一般来说，啬夫的俸禄都不算高，主要包括“有秩”和“斗食”二类。“有秩”是指刚达到最低薪俸的标准，即百石；“斗食”则是指以供给量作为标准的话，每日为一斗二升。按照汉朝的制度规定，官阶的高低是可以用薪俸的多少来衡量的，“秩”二百石以上为

“长吏”，百石以下为“少吏”，啬夫属于少吏之列。县衙的官吏中除县令、县长、县丞、县尉这些官职外，其余的一般都是“少吏”，所以县属各官之长和乡的主管官吏多称啬夫。

此外，早在西周时期，会计簿籍就已经初见端倪，最早的职责只是将兵器分门别类由专人登记注册管理，在当时已经成为制度。秦汉时期会计簿籍以财务科目划分，种类名目较多，有“钱出入簿”“吏受奉名籍”“吏卒廪名籍”和“家属廪名籍”等。以财务结算时间分，有“月会计簿籍”和“年会计簿籍”。由此可见，秦汉时期已经建立了比较完备的会计簿籍管理系统。尤其在军队中，军费开支都是历朝历代国家财政支出的最大项目之一。仅秦朝时期，北方地区的驻军数量就达三十多万，如此数量庞大的军队人员的吃穿用度等都需要精密统筹规划，更要对财资供给、日常开支、结余储备等情况做到及时、准确地掌握，进而保证财物的调拨和军队的正常运作。

三、文职岗位在秦汉的发展

比如，武库长官的设立。武库在先秦之时已经出现，后来战争频发，各国为增强军事力量更是不遗余力的加强武库建设，开始自上而下地建立起较为完整的武库系统。秦汉时期，沿袭先秦旧制，从中央京师到地方郡县多层次、分布广的武库建设更加系统完备。“兵槽”“库令”等职位成为专职的武库长官，其考核、任命、管理等都有一整套完整的程序，以确保该职位牢牢掌握在统治者手中。

再比如，“农令”“农亭”的设立。早在商周时期，国家就开始设置粮仓，为战争进行必要的物资储备，春秋战国时期，各阶层对此都有了更为深刻的认识。墨子就曾强调，如“仓无备粟”，就“不可以待凶饥”。这一阶段随着战争的频繁发生和规模的不断扩大，军用粮草物资的储备已形成制度，秦汉时期，战争数量、规模、形态较之前“有过之而无不及”，所以军粮的运输储备显得格外重要。西汉时期，实行“边地屯田”的意义尤为重大。屯田的实行，加速了西部地区、尤其西北边疆地区经济的迅猛发展，传播了内陆地区先进的生产技术和思想文化，促进了人口迁徙，加强了内地与边郡少数民族地区的经济文化交流，解决了军粮的部分供给，减少了转运的徭役压力，减轻了朝廷的财政负担，开垦边疆地区的同时也守卫了边境安全，可以说是取得了一系列军事上的重大胜利。据悉，赵充国在给汉宣帝的《上屯田奏》中就明确提出了“屯田”的十二大优长之处，对“屯田”的作用从理论上作了全面、细致、深入的分析论述。他认为“屯田内有亡费之利，外有守御之备。骑兵虽罢，虏见万人留田为必禽之具，其土崩归德，宜不久矣”。而汉代实行军事屯田后，又增加了“田卒”一职。其主要任务是无警时从事田耕，有警时参与防御。这种有事征战、无事农耕的组织方式，可以“益积蓄、省大费”，保证军队自给自足之余，还能为国家节省大量开支。从历史上来看，“屯田”对后世影响深远，历代沿袭不衰。

还比如，军医、医卒的设立。秦汉时期，屯驻边防的军队中开始出现有专掌医药的军医，但其组织形式、编制设置均记载不详。我国的古代文献资料中，关于明确的军医制度记载较少，相较于其他军事制度方面，历朝历代对军医制度的重视程度明显不够，造成这种现象的原因是多方面的，比如医学水平的发展受限、医者社会地位不高等。患病士卒能否得到及时的医疗救助，除了与医疗资源的相对匮乏有关之外，还受制于军事、行政的运行模式和运行效率。这并不是简单的医疗技术问题，而是行政制度与医政制度的关系问题。但随着生产力水平的提升、战争形态的变化，只要存在军队和战争，就必然需要有为之服务的军医制度。根据有限的史料可以发现，该时期的军医主要由游医、方士、道士等组成，随行军医人员不固定，组织还不够规范严密。到了汉代后期，统治者越来越重视士卒的健康问题，因为这会直接影响军队的士气和战斗力，于是军队中开始出现固定的掌领中医药的官员，此时驻屯边疆部队中的军医是固定下来、相沿不替的。军医制度逐渐规范、细化，并成为军队的重要组成部分。

四、文职人员代表人物及其贡献

秦汉时期的军队文职岗位多行后勤保障之责，主要负责军事后方的供应补给，从某种程度上可以说是现代意义上军队技术人员的雏形。

（一）孙良

当时的武库，对于武器的存放有较为严格规范的标准，对每个库房存放的武器分门别类、统一管理，比如一号武库存放铁铠甲居多，二号武库以存放铁镢为主，其他武库分别存放刀、剑、戟、矛等各类武器装备。

历史上陈胜、吴广起义之初并无多少兵器，可为什么后来起义队伍人数越来越多、规模越来越大，甚至连武器装备都种目齐全呢？从《史记·陈涉世家》中可以找到答案："攻大泽乡，收而攻蕲，蕲下，乃令符离人葛婴将兵构蕲以东，攻铚、挪、苦、拓、谯，皆下之。行收兵·比至陈，车六七百乘，骑千余，卒数万人。（后又西击秦），行收兵，至关，车千乘，卒数十万。"这里的"行收兵"，就是指沿途收缴地方武库兵器，依靠这些从地方武库中得到的兵器，起义队伍才武装起了数十万兵卒，这也从侧面说明地方郡县都设有武库且藏有大量兵器。

"长史为太守之副手，掌兵马。库令，太守府下所属有仓库，其长官为令。"《汉书·河间献王传》中写到："孙良为上郡库令是也。"当时，长史和库令为同级官吏。孙良任上郡库令，兢业勤勉，责任重大。因深得上级信赖而被委以重任，责任心强，敢于担当。西汉时期，统治者除了在京城设立武库，还在其他各重点地域设立内郡武库，意在出现任何异动，能迅速集结兵力、配发武器，以镇压"暴动者"。历朝历代虽有明君，但不作为的君主甚至昏君更为多数，同时作为统治阶级，与被剥削阶级必然存在阶级对立，这一时期的普通百姓生活仍然是苦不堪言、不堪重负，所以谋反之事更是时有发生。汉武帝时，《酷吏列传》曾记述，"宛、楚、齐、燕、赵之间，有'盗贼'攻城邑，'取库兵'谋反"……汉成帝时，社会矛盾更加激化，农民起义和暴动此起彼伏、接连发生。依照《成帝记》《平帝记》《王莽传》等中所记，"阳朔年间，颍川铁官徒申屠圣等'杀长吏，盗库兵，自称将军，经历九郡'；鸿嘉年间，广汉男子郑躬等'攻官寺，篡囚徒，盗库兵，自称山君'；陈留男子樊等起兵'杀长吏，盗库兵'；永始年间，尉氏男子樊并等'杀陈留太守，劫略吏民，自称将军’，山阳铁官徒苏令等‘攻杀长吏，盗库兵，自称将军，经郡国十九，杀东郡太守，汝南都尉’；平帝时，阳陵任横‘盗库兵’谋反；汉末赤眉军起兵山东，‘翼平（治所在今山东寿光东北）连率（太守）田况……发民年十八以上四万余人，授以库兵’”……这些都充分说明汉代时期中央在各地设置的武库中存放有大量的兵器，均是以备不时之需。

当时的库令孙良就是在任上遭遇了突发事件，他在第一时间及时充分地给军队提供所需的各式武器装备，使军队能迅速投入战斗、提高作战效率，为掌控局势、稳定局面占得先机，得到统治者的认可和褒奖。由此可以看出，当时设置在各地的国家武库是直接隶属于中央管辖的，属于真正意义上的“国家武备”，就如同《毋将隆传》中所说，“武库兵器，天下公用”，并非任意一地郡县可以独享独占的。

以上史料都充分体现了秦汉时期军队后勤保障及时性的特点，同时说明秦汉时期国家对建设完备的武库系统非常重视，各级地方组织不仅确有武库而且还有相当规模的储备量。

（二）金日磾

金日磾（公元前134年—前86年），字翁叔，西汉匈奴人，原是匈奴国休屠王太子，投汉后全部落居胡城。

秦汉时期农牧业发展的最大特点就是“官营牧场”的发展，“太仆”作为九卿之一，其主要职责就是掌管“皇帝舆马”。这一时期的官营牧场，主要的经营目的是为了扩充军队的军事力量，以加强对西北地区边疆游牧民族的军事攻势和高压态势，目的是确保边疆地区的稳定和发展。但不可否认的是，官营牧场的出现在客观上也促进了当时农牧业的迅猛发展。看到官营牧场发展的如火如荼，民间养马、养牛的积极性被不断刺激和鼓励起来，再加上统治者这一时期在政策上给予了很大倾斜，比如，鼓励和支持普通民众在从事农业生产的同时饲养大型牲畜，例如西汉时期就曾推行过“马复令”，这些政策举措都使得农牧业的产业结构地位得到迅速提升。那些不适宜耕作但适合农牧业发展的地区，就逐渐形成了以农牧业为主要特点的农业生产形式。由此可见，及时合理地调整农牧业生产结构，是高度统一的封建体制下，中央集权制度对农业生产产生重大影响的一个重要体现。

汉代开始兴建马场、大力度屯兵驯马戍边。养马业的兴起，带动了当时很多新的产业出现，同时促进大量社会财富增加、军队战斗力迅速提升，为国家强盛提供了坚实的物质基础。此外，由于当时农业生产的需要、军备边防、交通运输对牲畜的大量需求又反过来促进了马政的大力发展，进而对当时抗击匈奴侵袭、维护边境安全具有重大的积极意义。

西汉时期，政府对厩马的管理是有章可循、有法可依的，对马政官员的考核也是自上而下、层层筛选、责任到人。在管理工作中，一旦出现任何差错，那么从令史到啬夫所有级别的相关人员都要接受处罚。据传，汉武帝十分重视马匹的饲养和管理，他曾多次视察未央厩马，如果见到马“瘦而羸弱”便会大怒而罚。一日，汉武帝于游宴之时阅马。日磾等数十人牵马从殿下经过，容貌威严，养的马膘肥体壮，武帝大悦，当即赐日磾汤沐、衣冠，拜为马监。之后又提拔日磾为侍中、驸马都尉、光禄大夫。日磾虽然得到皇帝的亲近，但他行为检点，未尝有过失，武帝就更加信任和喜爱他了，给他赏赐了更多的金银珠宝。风光之时，他出与武帝同乘，入则侍候在武帝左右。当时贵戚多有窃窃而怨：“陛下妄得一胡儿，反贵重之。”武帝听到此话后，对待日磾更加厚爱。后因为日磾父休屠王在匈奴时作金人祭天，汉武帝便赐日磾姓“金”。

从这段资料不难看出，当时对马政官员的考核指标有很多，但其中最重要的一个因素是以“马之肥瘦多寡”作为标准而评判赏罚的。另外，如果马匹被盗，主管官员一定会受到严厉处罚。若马匹死亡，其管理人员必须对马匹的死亡作出必要说明并负有直接责任，同时按市价做出赔偿，赔付金额由主管官员及饲养人员按比例分摊。同时，马死之后，其骨肉、皮革等所卖之钱也要归入国库。对于如何处理死马，《敦煌悬泉汉简释粹》中也有记载，“传马一匹、乘左剽、齿九岁、高五尺六寸、名曰蒙华。建昭二年十二月丙申病死、卖骨肉、受錢二百一十。……建昭二年十月传马薄、出悬泉馬五匹、病死、卖骨肉、直錢二千七百……诚、乘、齿十八岁、送渠犁军司马令史勋、承明到遮要、病柳張、立死、卖骨肉临乐里孙安所、价千四百、时啬夫忠服治爰書、误脱千、以为四百。谒它爰書、敢言之。守啬夫富昌”。可见，即使是死亡的马匹也不能随意处置，而是要建立详细档案，便于所属的上级部门留存查证。

（三）马援

马援（公元前14年—公元前49年），字文渊，西汉末年至东汉初年著名军事家，东汉开国功臣之一。

东汉与西汉时期相比，马政制度虽有所调整、恢复和发展，但整体来看，规模、数量远不及西汉。据史料记载，“旧有六厩，皆六百石令，中兴省约，但置一厩。后置左骏令、厩，别主乘舆御马，后或并省。又有牧师苑，皆令官，主养马，分在河西六郡界中，中兴皆省，唯汉阳有流马苑，但以羽林郎监领”。由此可以看出，东汉时期的马政已有衰败之势。这一时期，统治者昏庸无道、政治上腐朽黑暗，百姓民不聊生、流连失所，阶级矛盾凸显、起义暴动频繁，再加上自然灾害频发，可以说天灾人祸横行，因而在这样的背景下马政很难得到较好的发展，渐渐地没落下去。“天下被饥馑，士马羸耗，守战之备久废不简。”由于这一阶段的许多马匹主要是少数民族或属国的贡马，东汉末年军队物资供给出现了问题，军士羸弱不堪、战斗力不断下降、战马缺乏难以为继，无法应对日益严峻的边疆危机，国家财政也无力支持长久的战争，这就促使统治者不得不再次重视马政建设，虽国力不济，但仍积极推动养马业发展，增加马匹数量，甚至不惜通过战争以武力获得马匹。

只有官吏可以驯养马匹，这就是东汉时期实行的“官养马匹”政策。当时的中央机构设立太仆及其属官，“太仆，卿一人，中二千石。丞一人，比千石”，此外还下设有“考工令、车府令、未央厩令、长乐厩丞”等职务负责具体事宜。“考工令一人，六百石。本注曰：主作兵器弓弩刀铠之属……车府令一人，六百石。本注曰：主乘舆诸车。未央厩令一人，六百石。本注曰：主乘舆及厩中诸马。”

马援年少时曾因私放逃犯，逃亡北地郡，而后就在当地畜养起牛羊来。后来不断有人从各地过来投靠他，他带着这些人游牧于陇汉之间。《后汉书·马援列传》中曾经记载“马者，甲兵之本，国之大用。安宁则以别尊卑之序，有变则以济远近之难”。马援虽然种田放牧，但却能够开创多种方法因地制宜，收获了马、牛、羊等牲畜几千头，谷物数万斛。然而面对田牧所得，马援把所有的财产都分给兄弟朋友，自己则穿着羊裘皮裤，过着清简的生活。即便日后发迹，征战之中，仍不忘以“马革裹尸”的气概践行当初的誓言。

（四）于吉

古代流传的许多故事中都有医者的形象，有的人物形象甚至就是早期的军医。比如，有人就认为，《史记》记载的“扁鹊治病救人”的故事是属于演绎版本，是由司马迁杜撰而来并非真实存在的。的确，《扁鹊传记》是司马迁借鉴了众多传说故事与当时几大学派的相关医学知识，从中归纳总结改编出的一个人物形象。在记叙的过程中，司马迁有意削弱或刻意隐藏了扁鹊形象上的“方士”特点，更多的是塑造出一个“兼怀天下”的医士形象，扁鹊以诊脉与针灸为主、兼用药法，这一“一代名医”跃然纸上，让人崇拜敬仰。其实，早期的军医都是与巫术、道家思想和民间医术相结合的。

于吉，东汉末年黄老道代表人物之一。“烧香读道书，制作符水以治病”，颇得当地百姓爱戴。后来，被孙策看中召入军中，“助军作福，医护将士”，这也是最早的军医雏形。古代中国的军医制度虽然不能和近代西方精确细化的军医制度相提并论，但在秦、汉、三国时期都得到长足发展。比如，在当时军队医疗机构中就已经出现了各种不同门类的分工，用现代的话就是临床和非临床之分。具体包括有疾病汇总统计、疾病防护救治、药物采集配制、器具制作消毒等，军医的一些工作规范和制度章程开始逐步形成，军医在军队中的人数比例逐渐递增，慢慢呈现出常态化、规范化和制度化的趋势。

（五）军医群体代表人物：张卿、宋昌、少沂

据《居延新简》、旧汉简中的记载，军队医疗机构的人员配备中有军医、医吏、医卒等编制。张卿、宋昌就是这一类军队编制的军医。此二人在边地设置医药所救治疾病，针对病患研制各式药物为患者进行治疗，以便快速恢复军队伤病员的战斗力。此外，《通典》中还曾经记载，

“诸将三日巡本部吏士营幕，阅其饮食精粗，均劳逸，恤疾苦，视医药”。该文明确规定了“军队长官定期巡视伤病员的制度”，按照规定军中凡是带兵的各级长官必须每3日巡视伤病员一次。目的是从精神层面给予伤病员安慰和鼓励，同时也对相关医护人员起到监督和考核的作用。

在居延烽燧中还发现了不少与军医有关的物品，如军用药函的残件等。当时，基层屯戍组织中都有一定的药物储备，在都尉府和侯官设有专门的医疗机构，戍卒可以到这一医疗机构就医，或由医疗机构的军医巡诊。

史料记载，“为故第卅六燧长司马章所伤，病，医宋昌治饮药，鉼庭燧长罢军主”。“皆财置员，医吏。”……按照这段文字的记述，说明张卿就是负责候长的官医，宋昌主要为燧长司马章医治。这两人与军队一起常年驻守边塞，对于当地的一些常发病症的实质，能进行准确的诊断并开出药方。依据药方，又研制了各种汤药、丸药、散药、膏药、丹药等药物，在治疗措施上，针对不同的病症，采用不同的治疗方法，如内服药、外敷药、针灸疗法等。同时也说明，在当时的河西戍边军队中是设置有医疗机构的。此外，可知“医”职设置于官中，因此医吏是作为主管官员的，其他各级军医在医吏的统一安排下或门诊治疗，或到各部、各燧巡回诊疗，医卒作为助理人员负责医疗事务或杂务，至此自上而下形成了相对完备的医疗保障体系。除了规范的章程制度外，为了防止医护人员消极怠工、欺下瞒上、不尽职尽责或贻误伤员病情等情况出现，还订立了一系列的惩治细则对渎职医护人员进行处罚，比如“军人被创，即给医药，使谨视之；医不即视，鞭之”。

史料记载，“一日，戍卒宋某患病，需饮药十剂”，可能他还处在尚未痊愈的阶段，需要等待“癸未日”军医再次来巡诊，这里的“癸未日”就是指军医下一次巡诊的时间。又比如，有记载“正月旦到十”，这里的内容应该是指关于官医巡回诊疗的日程安排，即明确指出要在何时至何地检视病者。按照“接诊巡诊制度”的安排，由于各戍边地区的医疗机构都配备有常规药品，如果有患病士卒症状较轻者，可由医吏诊疗并配制药物自行调养，病情严重者则要送外就医治疗。

除此之外，各诸侯国医疗机构和制度设置基本与中央机构保持一致，其不同之处，主要表现在医官体系上。《后汉书·百官志》中记载：“医工长，本注曰：主医药。”在挖掘出土的汉代中山靖王刘胜的墓中，曾发现刻有“医工”字样的铜盆，这应当是服务于王室权贵的“医工”少沂专用的医疗器皿。少沂开始只是开诊的普通大夫，机缘巧合下被刘胜看中医术，将其留在麾下，后成为医工在军队里为戍卒服务，兼任军医。由此可见，“军医”这一群体的出现是历史的必然选择，也是随着历史的不断前行而逐步完善、规范提高的，其重要性也是渐渐凸显出来的。

五、述评

中国古代军制中的文职岗位是一脉相承的，也是根据现实需要不断扩充变化的，文职岗位的兴起设立，有效地解决了较多技术性、专业性问题，使得军人职责更加凸显，使得军队这一庞大机器能够高速、有效地运转。可以说，军队中文职岗位的设置是历史造就的，也是现实推动的，总之是不可或缺的。先秦时代单纯以武器、粮草为主，此时则向武器、粮草、转输、马匹、信息传递、医疗等多元化发展。即使是武器、粮草保障体系本身也在扩展，其保障结构在许多方面成效十分显著，而且还具有开创性。秦汉时期的辉煌成就是建立在强大的军事基础之上的，其时的作战范围遍及四周各少数民族，区域更为广阔，各种军资消耗量增多，战线、时间更长。在这种情况下，武器装备的列装保管、战马的牧养供给、粮草的屯田储备、军队医疗的服务保障、军需物资的供给保证等，构成了军队的有力支撑，了解其时军队中文职岗位的演变推进对当今仍有借鉴意义。

总之，秦汉时期构建了较为完备详细的军队体系，军队文职岗位也逐步体系化、科学化、完备化。

第三章

魏晋南北朝文职人员制度

一、历史背景

魏晋南北朝时期的中国处于政权频迭、民族融合、文明碰撞的大动荡时代。这一时期天下分合三百八十余年，中原政权式微而少数民族政权并起，儒家文化趋弱而佛、道、玄文化兴盛，是中国历史上上承秦汉、下启隋唐的转折点。在残酷激烈的社会冲突和开放颠覆的思想变革下，魏晋南北朝瓦解旧体制之颓势、凝聚新中华之始智，在军事领域呈现出“旧染既除，新机重启，别创空前之世局”的革故鼎新局面。本章重点从四个方面分析魏晋南北朝军制中文职制度的发展演变，以期承上启下，对读者有所启示。

魏晋南北朝长期封建割据，战乱连绵不绝，军队战斗力随着大一统王朝的崩溃逐渐衰弱，军事制度陷入分化和冲突的双重困境。随着南北朝的来临，在政权稳定演进、强权统治回归、先进生产力和科学技术的进步等多种因素影响下，军事制度也由内裂变，向着更高作战效能、更科学组织形态方向发展，形成了极具时代特征的军队文职体系。

（一）魏晋南北朝军制沿革

1. 魏晋时期的军制

军制的形成依赖于国家的建立。秦汉时期大一统国家锻造了强大的军队，建立了具有开创性和扩张性的军事制度，也奠定了中原民族军事制度高度集权的基本属性。然而，随着三国时代的来临，大一统国家逐渐分崩离析，军事制度也随之演变。

三国时期主要推行中央兵制和府兵制。这一时期国家政权逐渐式微，各诸侯划分集团势力，建立私募军队，抢掠瓜分国家利益和资源，引发社会动荡，导致汉朝大一统的稳定局面分崩离析。三国各政权虽地理环境各异，立国条件不同，但在军事制度上承袭汉朝“将相分离”的传统，并根据军事发展和作战需求进一步细化军队分工，设立固定的文职岗位。

晋朝后期世兵制由盛转衰，募兵制、征兵制逐步兴起。此时皇权衰微，地方割据拥兵自重，私人武装为适应不同社会需求和斗争形式进行了深层次的军事改革，出现了军事制度或快速更迭或互为依存的现象。募兵制和征兵制等军制的创新发展体现出社会生产力的发展和战争形态的转变，但各政权强征暴敛、充犯为兵、劫掠民力的情况依然造成武装力量战斗力不强、武器装备落后、管理组织不畅等问题，进一步加剧了军事力量的流失和军事结构的离散，裹挟文职制度一步步走向低谷。

2. 十六国时期的军制

十六国时期是我国古代军制迂回前进、震荡发展的时期。部落式军事制度源于各少数民族政权的胡汉分治和各部落根据种姓建立的制度。一些十六国政权也效仿汉制或魏晋之制建立国家军事制度，但总体来说，异族分治、两轨并行所形成的军事制度差异和军事关系杂合使得十六国时期各政权的军事领导、组织、指挥、管理、保障、训练等退回较为落后原始的阶段。然而，在社会生产力方面，畜牧业的迅猛发展为各政权骑兵作战实力的提升提供了有利条件，这对重构军事力量的形态规模、创新机制体制的职能分工发挥了一定促进作用。

3. 南北朝时期的军制

南北朝时期，南朝军制一改十六国时期的部落兵制，转而实行世兵制、募兵制、征兵制结合的形式，北朝军制由最初的部落兵制逐渐发展为有更高作战能力和社会生产力要求的府兵制。为适应战争新形态、提升战斗力水平，南北朝军队集中军事指挥管理职权，增建水军，改良武器装备，创新军事力量编成，协同军事要素发展，一度形成步、骑、水军相结合的复合作战力量集群。新型军事制度和力量编成的建立是为适应战争需求所做的必要改革，为先进的军事制度和生产力代替旧的、落后的军事形制打下了坚实基础，进而推动隋朝建立国家统一的政权。

（二）文职人员岗位发展原因

魏晋南北朝军制发展过程中，汉族政权的军制沿袭了部分传统旧制，也吸纳了一部分具有开拓性质的异变制度元素，而少数民族政权的军制多是暂时的，带有明显的过渡性质，尤其是十六国时期，体制原始，岗位混乱。军制的转型和异变动摇了文职制度建立与演进的根基，是造成文职制度与文职岗位发展缓慢的根本原因。同时，这一时期朝代和政权的更迭几乎无一例外的通过战争实现，大一统的稳定局面彻底瓦解，社会发展退回落后、原始的状态，货币几乎无有所用，《魏书》记载，“钱货无所周流”“不行于天下”。胡族入侵和民族压迫加剧了社会动荡不安的程度，导致广大地区的生产力水平下降、军事组织关系支离、人口锐减且被迫向南方迁徙。在长期的经济不振和人口流动中，熟练技能、土地资本、后勤物资等文职制度赖以生长的基础条件成为稀缺资源，文职岗位在军事后勤服务、军事生产技术等职能领域也缺乏稳定的工作环境和持续的资源条件，因此，社会局势长期动荡不安是该时期文职制度发展艰难的另一原因。此外，在兵力不足的情况下，一些政权征发老幼、囚犯、逃民补充，军户中和社会上的女性成员以补充战斗力的身份承担军事作战和军事保障任务，进一步加速了军事实力的整体流失，动摇了军事制度发展的人员基础。

从文职制度独立发展的角度来看，魏晋南北朝时期文职制度处于低谷发展的原因与该制度内部存在的问题存在一定关系：一是岗位保有量只供最低生产力和战斗力维持的需要。文职岗位渗透于军事关系、军事行动的各个层面，而该时期的文职指挥机制、管理机制、任用机制依附现役军制，在指挥层面，文职幕僚的存在为军事领导指挥服务；在战备方面，文职岗位主要以屯田耕地，运储粮草，管理马匹，监造、管理武器，医疗救护为主，并未衍生出其他具有重大意义的文职岗位。其二，岗位基层化、低层化。魏晋南北朝时期，除了各级军事指挥的幕僚外，文职人员主要任职于耕种、制造、修筑、看管、维护等基础领域，加之世兵制的演变导致军户身份微贱，大量为军队和战事服务的后勤保障人员处于备受压迫和剥削的状态中，使文职岗位难有上升渠道和职业保障，一部分沦为贱民阶层。其三，文职人员中女性作用突出。魏晋南北朝时期女性文职的作用较为突出，这种现象是由世兵制举家服役的现实要求和男性壮丁数量锐减的社会矛盾引发的，也与当时宽容、尚武的整体社会风气紧密相关。女性文职在文职制度中并未有名副其实的岗位名称，但她们服务军队、保障供应是不争的事实，甚至慷慨从戎保家卫国，为该时期各政权战斗力的提升和军事后勤供应发挥着不可替代的作用。

二、特色文职岗位

魏晋南北朝时期文职岗位设置和职能任务主要围绕军事斗争这一核心目标，负责军事行政、参掌选事、军事生产、军事科技等任务，具体岗位包括军事参谋、军事监察、军事管理、军事后勤等。

（一）中央政府文职岗

供职于朝廷的文职官员主要包括三类，一是军事统帅的智囊团队，包括内侍官、侍中、常侍等。他们主要为军事统帅提供政策信息和建议，一般为皇帝的亲信人员。二是各部尚书，负责军事行政、统筹作战、粮草、武器等军事分工，统筹规划不同任务领域的事权主官。三是军事秘书，即中书舍人。主要负责起草诏令、参议军政之事，慰劳官军等。这些职位均为文职任职，为军事集团的最高决策层服务，构建了文职军政体系的顶层框架。

1. 内侍官

内侍官是一个集合概念，是“侍中、常侍”等官职的文官统称。他们身为皇帝身边的近臣，在禁中服侍，顾问应对，参军国之谋，与皇帝形影不离。魏晋南北朝时期的内侍官一经任命就被赋予了参与军事决策的政治权利，对军事政治的影响迅速加大。

内侍官一职，除了作为职官外，在魏国时已成为加衔，即在已有职官基础上加侍中、常侍，《晋书》载："扶风太守竺爽、安定太守焦嵩，皆征镇杖节，加侍中、常侍"，"欲以抚结众心"。这类人员的数量一般无常定，主要为突出出入禁中、参与机密的特权，尤其在战争胜利时需要酬赏军功，加以"侍中、常侍"可以更好的鼓舞士气，显示皇帝对属下的宠信和对其功绩的褒奖肯定。

至晋朝，侍中的地位和作用愈加重要，具有宰相的权限。史料记载："古者百官，官箴王阙。……今之侍中、常侍实处此位。择其能正色弼违匡救不逮者，以兼此选。"可以看出，侍中已经从曹魏时期的加衔、内廷顾问成为有实权的职务。南北朝时期，侍中已成为实质性的宰相。

2. 五兵尚书

曹魏时期尚书机构快速发展，其地位、编制和职能、权力都发生了质的飞跃，由秦汉时期地位较低的少府属官上升为国家独立的行政部门，其中，五兵尚书（北朝改为七兵尚书）主要负责国家军事管理事务，在魏晋南北朝绝大多数政权中均有出现。五兵尚书主要负责军事行政事务、参与军事决策、掌管武官的选举等。《晋书·石季龙载记上》记载："右仆射张离领五兵尚书，专总兵要。"南北朝时期，五兵尚书"掌兵士百工补役、死、叛、考代、年老、疾病、解遣""禀拘兵工死叛""差分百役、兵器诸营署人领""文武诸犯削官事"等管理事务。五兵尚书执掌军事行政和管理事务，负责发诏征兵、禁军行政、力役征发，管理朝廷仪仗、宫廷礼乐方面的人员，参议军事决策，对地方军事长官的奖惩任免提出意见和方案，是政权上层的文职官员。

魏晋南北朝时期尚书体系中除了五兵尚书，还包括殿中、度支、驾部等具有文职职能的尚书职位。殿中尚书掌皇帝亲军和军械。三国魏始设驾部，为尚书的一曹，首长为驾部尚书郎，专掌车舆、牛马厩牧之事。晋朝和南北朝沿袭这一设置，其职能扩展至管理武官的选用，军队的装备以及军事制度法令等，负责军事政务。魏晋南北朝各政权初期，军粮、军服供应的主管部门及供应办法是临时处置，逐渐改革、转变为常制定规，后勤供应机构的编制逐步得到完善，规定军粮供应统一由尚书省掌管，具体主管部门为度支尚书及其下属度支。自三国始实行世兵制和军户屯田，所集军粮的储备和供应由度支中郎将、度支校尉和度支都尉等文职官员完成。后期改为度支尚书、度支郎中等，但保障军粮储备和供应仍是其职能任务的一部分。

3. 中书舍人

中书舍人是魏晋南北朝时期的文职官员。这一职位来源于汉朝的秘书监，或称秘书。魏朝初期，为牵制日益发展的尚书令的权力，将原有的秘书监改为中书省，长官为中书令。南北朝时期设置中书舍人，参决于中，实权日重。中书舍人主要负责审理奏章、草拟诏旨、执掌机要，甚至有时皇帝密诏下州郡及边将。由于中书舍人参与机密军要，在北朝时期的一些政权中，中书舍人负责掌握控制军队行动。

4. 军事监察

魏晋南北朝时期，在从事大规模军事行动时，监军的设置屡见不鲜，为监“诸将”，不参与实际战斗，为文职官员。监军一般由皇帝选派，也被称为“天子耳目”“朝廷心腹”，是皇权在空间上的覆盖和延伸。《魏书》卷三□《安同附原传》载：“太宗时为猎郎，出监云中军事。”《周书》卷六《武帝纪下》载：“帝总戎东伐。……遣内史王谊监六军，攻晋州城。”中央直辖军、地方州郡兵、军屯兵均设有监军，以监督将领，防止军事叛变，监督军纪和督战。《曹魏及西晋时期的监诸军事就任者一览表》说明，监诸军事者管辖之州多为扬州、荆州等前线，而不对外进行防御作战或征伐，并且是为了牵制异姓都督，如司马懿担任荆州都督时，便任命赵俨为“监荆州诸军事”。

史料中提及监军常用“监”与“督”，由此可见，监军是自上而下，对军队进行监视，一般由级别较高的官员监督比自己级别低的将领。中国历史上第一名监军是公子扶苏，魏晋时期的监军制度沿袭秦汉旧制，其主要职能为监督军务。魏晋时期的督军，实际从事的便是监军的职能。例如，袁绍担任冀州牧时，颁布了一项政策“收英雄之才，拥百万之众，迎大驾于西京，复宗庙于洛邑，号令天下”，遣其监军圆；吕虔因有“胆策”，而以之为“从事”，曹操派遣之“督青州诸郡兵以讨东莱群贼李条”。晋朝督军山涛“行军司事，督诸军”。这些史实都说明督军从事的是监督军务的任务，亦可以为监军，职权多样化。

表 3－1　曹魏及西晋时期的监诸军事就任者一览表

人名	都督	军号	任用年	出典
司马由	监衮州诸军事	右	263 年（景元四年）	《晋书》卷 38
司马亮	监豫州诸军事	左	263 年（景元四年）	《晋书》卷 38
王浑	监淮北诸军事	东中郎将	泰始	《晋书》卷 42
胡奋	监并州诸军事	左	276 年（咸宁二年）	《晋书》卷 3
司马辅	监并州诸军事	—	277 年（咸宁二年）	《晋书》卷 37

资料来源：《晋书》第三卷，中华书局 2015 年版，第 27 册，第 156 页；《晋书》第三十七卷，中华书局 2015 年版，第 7 册，第 26 页；《晋书》第三十八卷，中华书局 2015 年版，第 29 册，第 7 页；《晋书》第三十八卷，中华书局 2015 年版，第 8 册，第 34 页；《晋书》第四十二卷，中华书局 2015 年版，第 12 册，第 12 页。

（二）军事审计岗

军事审计是从事军事财政和制度监管的专业人员。他们按照规定程序，对军队内部的各项活动进行审计，检查其真实性、合法性和有效性，并且作为独立的职能单元处于军事顶层集团之中。军事审计的核心是比部职官，它是政权为加强军事经济控制和监督，巩固中央集权而专门设立的稽查簿籍岗位。

军事审计这一岗位的主要职能包括：第一，军赋审计。魏晋南北朝时期，战争频繁发生，为保证军事作战的需求，各国征收赋税的制度具有典型的战时赋税性质。例如，三国以前，秦汉时期就有缴纳钱财的惯例。魏晋开始，政权要求收缴实物，主要的税收实物包括粟米、绢布、棉花，这些都是保障军用的重要物资。东晋时期，由于军事需要变更无常，出现了乱征乱收的现象，曾载："其军国所需杂物，随土所出，临时课市取，乃无恒法定令。"此时税收制度的混杂也从侧面说明经济管理手段的混乱。南北朝时期，税赋的主要来源除了田赋之外，还额外向人民征收修城钱作为军事工程的建设费用，甚至包括征调物资和人员的费用也是税赋的一部分。文职审计人员作为比部的专业财政人员，对从州、郡、县行政部门征收税赋的情况进行专门审计监督，以此来监督军赋的规范性流通程序。

第二，审计预算。主要是对军事预算和军费支出的计划性、合法性、准确性进行审计。军费预算是军国大事，必须按照一定程序使用于工程、人员、器具及作战的具体开支中。军事预算的审计内容广泛：(1) 由审计官员对照预算，测算经费、物资、武器装备的收支情况，官员和兵员的钱粮、衣帛等收支，并逐个勾检。(2) 对军营、军事机构掌管的军需仓储收支进行审计，明确储物的数量、状态，这是保障战时军事调度的必要手段之一。(3) 对传驿收支的审计。为保障军事通讯，自秦朝起就建立了严密的驿传制度。魏晋南北朝时期，驿传事务由驾部专管，在战争时期发挥着至关重要的作用，因此，驿传经费也是国家军事预算中的重要项目。(4) 对屯田和马政的审计。三国时期，魏国率先推行"屯田令"，设屯田尉，以驻屯兵卒务农，有战则战，无战则耕，确保粮食和战事两不误。因此，军屯是该时期筹措军粮的主要来源，军屯的运行、管理和收入直接影响军事作战效能的发挥，是政权的关注焦点。军事审计对各州道府的屯田收入、运营状况进行深入勘察，称为"覆屯"。魏晋南北朝的马政是各政权提高作战能力和军队建设的主要力量，建立一支强大的骑兵为各国所重视，专门设立军队马场、派遣专人掌管马政。北魏太武帝时期，"平统万，定秦陇，以河西水草善，乃以为牧地。畜产滋息，马至二百余万匹"，"复以河阳为牧场，恒置戎马十万匹，以拟京师军警之备"。由此可见，繁荣发达的马政需要审计机构或审计人员对其专门进行监督，以保证其充足的供应农牧畜养和军事需求。审计人员对军事预算的审计依照政权法度进行，对贪污、挪用、超支、诓骗等不合法行为予以查处，为维护国家财政严谨性、准确性、规范性执行必要的职责。

(三) 幕府参谋岗

1. 军事祭酒、军司

魏晋南北朝时期，中原政权一般以皇帝命令、军功贵族指挥为文职的管理体制，在少数民族政权中还表现为胡人对汉人的管理。朝廷之外的地方文职管理体系则以中层文职官员对基层文职的管理为主，他们根据等级和军阶主要设有军师、参谋和监军等岗位。文职官员在战时也享有与作战军士相同的将功罚过军事奖惩权利，这一措施对促进文职岗位的人员流动，理顺文职管理机制，为战斗力生成产生了积极影响。

曹魏时期，曹操设军师祭酒为军事谋划类文职官员，他们深具军事威望和权谋势力，是未来军师制度、军师监军的源头，担负着军事辅助性的职能任务。曹魏时期的军师任职于军事领导机构之中，地位较高，一般需考察其能力、名声、家世后招募于军中，分掌丞相府、将军府的各类军事事务。《晋书》卷二十四《职官志》载："及当涂（曹操）得志，克平诸夏，初有军师祭酒，参掌戎律。"晋初，为避讳改为军司。《通典》卷二十九《职官武官下》载："至魏武帝，又置师官四人。晋避景帝讳，改为军司。凡诸军皆置之，以为常员，所以节量诸宜，亦监军之职也。"由此可见，军司本为军师，其职能也由军事参谋逐渐扩展至军事监察。军司是晋朝和十六国时期的常设文职岗位，北朝设置军司是在孝文帝汉化改革，加强中央集权之后而常态化运行的。《魏书》载："请自今载军阅薄之日，形态、军司、监军、都督各明立文按，处处记之。"军司一职地位较高，在北魏时期的职能发展为监察和节度诸军，全面介入作战决策指挥与实施，监察战争各个环节。任职军司一职需要对候选人出身和履历进行全方位划级评鉴。在出身方面，倾向名门望族、士族大家，在任职履历方面，需要曾担任过中书、秘书、禁卫武官、监察御史等朝廷要职的有经验者，经过综合评定，最终由皇帝直接下诏任命，成为正式的文职官员。

2. 参军

参军为参军事的简称。这一职位源于汉末，最早现于《三国志》："参军，后汉官，孙坚为车骑参军事是也。"参军初设时，其身份是地方军事智囊，作为主帅副手或高级参谋提供军务谋略，是为军队服务的文职官员。

三国时期，参军形成了固定的官职等级，分为长史、司马、从事、主簿、参军、椽、史、门下督和记室等，他们一般品秩较低，为六品到八品，分曹管理各项军务。《宋书》记载："江左（东晋）初，晋元帝镇东丞相府有录事、记室、东曹、西曹、度支、户曹、法曹、金曹、仓曹、理曹、中兵、外兵、骑兵、典兵、兵曹、贼曹、运曹、禁防、典宾、铠曹、田曹、士曹、骑士、车曹参军。”

《隋书》卷二七《百官志》中记载：“领军府，将军一人，掌禁卫宫掖。……有长史、司马、功曹、五官、主簿、录事，厘其府事。

左右卫府，将军各一人，……皆有长史、司马、功曹、主簿、录事，厘其府事。

护军府，将军一人，掌四中关津。有长史、功曹、五官、主簿、录事，厘其府事。”

东晋以后，参军已成为纯粹的将军府幕僚，远离领兵的权利。军事主官配备参军的数量依照主官品秩的升高而增加，如，将军置五名参军，持节都督通常置六名参军。《宋书》载：“自车骑将军以下为刺史又都督及仪同三司者，置官如领兵。但云都督不仪同三司者，不置从事中郎，置功曹译人，主吏，在主簿之上。功曹参军译人，主佐记室下，户曹上。监以下不置咨议、记室，余则同矣。”

（四）马政文职岗

战马是极其重要的军资，有些政权开辟牧场，设置令官，专门管理战马，以供应军国戎马所需。三国时期，管理马匹为太仆卿的职权，太仆卿以下设典牧令，主管牧马。魏晋皆以此制。南朝骑兵体制中，骑兵参军负责管理军府中骑兵的有关事宜，任命人数无定员，一部分骑兵参军不需领兵出征，专以文职岗位，只负责对马匹进行管理。北朝游牧政权对养马颇为重视，太仆卿的地位很高，后设太仆寺，主管车辇牛马畜产之事，并专设牧署和令丞管理马匹，作为军事后勤保障。

（五）武器制造与保管文职岗

魏晋南北朝时期兵器的制造和供给是军国大事，各政权在以军事生产力发展为中心任务时，武器制造便是重中之重。三国时期，专设司金中郎将负责建造武器装备。南朝中央军器军械制造由少府负责。少府之下设有左、右、中尚方，各置令、丞一人，并掌造军器。而建造战船、装配水师等，则由都水使者、尚书水部郎负责。

军器制造完毕，存入武库保管，武库设武库令为主管长官，负责军器管理、发放等事项。由于十六朝时期的各政权存在时间不长，对于军器的制造、贮存、发放使用没有像魏晋那样形成一整套规范制度。南朝中央设南、北武库，储存军旗，武库令一人，掌管军器。尚书郎中有尚书库部郎一人，专司武库军器诸事。北朝亦设武库令一职。

（六）军事医疗服务岗

魏晋南北朝时期战争伤亡及频发的疾疫造成部队大量减员，过多的人员损失使战斗力大为减弱，随军军医的保障服务有效缓解了这一情况的进一步发展。史上有名的华佗就曾为曹操的侍医，三国时军中有专门从事医疗服务的人员。《宋书》载："南朝殿中太医校尉、都尉，银印，青绶，四时朝服，武冠"，"太医司马，铜印、朝服武冠"，可以看出太医校尉、都尉、太医司马均戴武冠，是为军队服务的军医。根据史料中有关"金疮医""折伤医"的记载，魏晋南北朝时期已存在专为战伤服务的外科与外科医家或有随军外科医家。通过某些手术例证可以看出当时的外科医疗经验与技术已有较高水平，已能进行一些难度较高的外科手术，其中包括骨折手术、截肢手术、胸腹部手术、眼科手术等。同时，随队军医还定期为士卒体检，帮助部队进行疫病预防及饮水选择，对伤病残军人进行优抚。南朝宋文帝诏曰："登城三战及大将战亡坠没之家，老病单弱者，普加赡恤"，"疮痍未瘳者，给其医药"。根据史料记载的该时期临床经验进一步证实，魏晋南北朝时期的军医诊断水平较高，治疗方式多样，但限于时代和人力财力的局限，这些服务主要提供给高级或较高级别的军官[10]。

（七）军事邮驿文职岗

军事传驿官是古代负责通信邮驿的文职官员。他们多是专职邮递人员，一般不使用接力传送，而是找善于快跑、且得主官信任的人专司此事。曹魏时期颁布《邮驿令》，曾对军事通信的方式、人员选用、行为规则进行了详细规定。从流传下来的内容可知，传驿官不仅能够使用军事保密方法，采用特制道具传递声音、光线等信息，又具备快跑、长途骑马等技能。

从汉朝末期到北朝期间传驿官一职的发展历经波折。汉朝末期，战乱和军阀割据造成通信邮驿的阻塞。曹魏统一北方后，围绕长安、洛阳、许昌、邺城、谯城这“五都”建立了通信驿站网，传驿官得以恢复其正常职能。十六国时期，北方少数民族政权对邮驿事业的发展也起到了一定促进作用。一方面，当时北方战事混乱，而邮驿作为通报军事情况、发布军事命令的重要手段，成为巩固其政权统治的一项重要措施，传驿官也由此深受高层信任。另一方面，传驿官活动范围的扩展也促使一些边远地区的少数民族相互联通，在甘肃一带尤为明显。甘肃魏晋墓中便出土了一块传驿官的画像砖，上面生动描绘了当时传驿官身骑快马、手握文书的情形。

南北朝时期，邮驿事务不仅为战事服务，也深入民间，成为统治者扩大其文化影响和政治影响的手段。北魏时期常有西域贤达人士频繁往来，这得益于严密的传驿制度和四通八达的驿路，如迎接波斯高僧前来北魏、与西域国家进行贸易活动等。在宁夏发掘的波斯萨珊王朝的文物也说明当时在这一带传驿活动的繁荣程度。此外，北魏政权重视传驿官的身份，更以少数民族特有的方式为传驿官定下称呼，如，各部曹的信使为“凫鸭”，更低级别官员叫“白鹭”。这是少数民族仿照古代鸟官龙官名称，喻以迅速腾飞和引颈远望之意来专门称呼传驿官。

传驿官在魏晋南北朝各国均受到重视与肯定，传驿事务繁荣不衰，不仅因为此时军国政要对其职能的迫切需求所致，还与传驿事务不断发展革新密不可分。在这一方面，诸葛亮做出了巨大贡献。他制定了传驿律法，改革了通信手段，使传驿官能够更加准确、便捷、高效的完成任务。诸葛亮所著《武侯兵法》中，记载了蜀国利用声光进行军事通信的实例，“受命不传，传命不审，以惑军士；金鼓不闻，旌旗不巍”，称之“慢军”；“金鼓不具，兵刃不利”，称之“欺军”；“闻鼓不行，鸣金不止，案旗不伏，举旗不起，指麾不随，避前在后”，称之“背军”，这些都是声光通信的应用。此外，声光通信与邮驿通信的结合，在敌情观察、行军治军中被广泛应用。如，“十里之内，数里之外，五人为部，持一白幡，登高外向，明看隐蔽之处？”“凡候见贼百人以下但举幡指，百人以上便举幡大呼，主者遣疾马往视察之”。

（八）其他辅助文职岗

1. 军乐队

两晋南北朝时期军乐是军礼的一部分，军乐队鼓吹在当时是威仪和地位的象征，常用在身负重任、军事仪仗、奖励军功、军事任务等对象和事项中。军乐队依皇帝令，为与军事目的紧密相关的人或事进行鼓吹，为表彰死者、激励生者，提高武人地位起到了积极作用，在各政权的军队建设和军事斗争中具有重要地位。

2. 城局参军

城局参军初置于东晋，其核心职掌为负责盗贼刑狱等司法事务，又兼具“守城”“城防”的职能，而此类职能仅是负责与修缮相关的事物，并非直接领兵御敌，为文职官员。东晋南朝的城局参军主要设置于王公、刺史等所开之军府中，北朝城局参军设置比南朝范围更广，不仅王公府、将军府和地方州府，而且护军府及军镇中都有设置。

（九）临时性文职

1. 被征服民族的强制性文职

十六国和南北朝时期，胡族入侵中原，汉人及其他少数民族沦为被统治的贱民阶层，少数民族政权征发以汉人为主的贱民补充军力，执行临时性军事保障任务。这些岗位具有不落编、不限数、不定时等特点，对于专业能力的要求普遍不高，一般逢战即集，战止即散。例如，十六国时期，由于胡汉分治、耕战分立，本族少数民族只当兵，汉人基本只参加生产耕作，为贵族军队提供军需。史料记载，“令五丁取三，四丁取二，合邺城旧军满五十万，具船万艘，自河通海，运谷豆千一百万斛于乐安城，以备征军之调”，“五丁取三诸州造甲者五十万人”。南北朝时期，一些少数民族政权中汉人专为军队制造甲胄，或从事农业生产和担负军事运输的任务。该时期被征服民族的人丁一般不编入常备军，属于后勤保障部队，为当时统治阶级的军事行动做运粮、储量、制造武器等任务。任务结束后，即解散复原返乡。

2. 女性文职

女性文职是魏晋南北朝时期具有时代特征的文职岗位，它的出现是社会现实和军事制度催化的结果。虽然该时期女性文职服务于大量岗位和任务，且文武职能皆备，但并未设立与其职能相符、任务相关的专门女性岗位，她们更多是起到补充军力的作用，因此归之为临时文职岗位之列。

魏晋南北朝时期盛行世兵制，世兵制要求整户为兵，世代为兵，全家随军营居，无论男女老少皆服兵役，直至作战牺牲或自然离世。在男性世兵效力沙场的情况下，女性兵员便活跃于军事任务的各个领域，一小部分女兵直接参战，挥刀抗敌，另一大部分女兵则为文职辅助岗位，主要任务包括：（1）修筑城防，守卫屯营、城廓；（2）担任宫廷宿卫和仪仗队；（3）参与军事屯田；（4）服各种杂役，如冶铸兵器、修理战具、开辟道路、筑建粮仓等。史料记载，曹军“营屯不固。太祖乃令妇人守陴，悉兵拒之”。“守陴”就是守卫屯营四周的矮墙，防止敌兵攻入。晋孝武帝太元三年（378 年）四月，前秦苻丕率众围攻襄阳，东晋梁州刺史朱序之母韩氏亲自登城巡视，“至西北隅，以为不固，帅百余婢及城中女丁筑邪（同“斜”）城于其内”。《邺中记》云：“石虎皇后出，女骑千人皆著五彩靴。”又《南齐书·索虏传》载北魏习俗云：“太后出，则妇女著铠骑马近辇左右。”大量女性参加戍防、屯田、供役，其作用不可估计。北朝诗第一名篇《木兰诗》描写的北朝花木兰替父从军的民间故事，其文中花木兰的形象并非某一个体女子的单独特征，而是在当时大量女子从军的基础上，经过概括总结、加工提炼塑造而成的，这也是魏晋南北朝时期女子从戎、效力军中的有利旁证。

三、文职岗位在魏晋南北朝的发展

第一，从军制发展的角度看，传统军制衰落遗留的一部分旧制，与当下时代特征、民族特征、权力特征结合形成新的军制。魏晋南北朝时期世兵制衰落，秦汉时期形成的体系完整、职能健全的文职制度也随着王朝更迭残存无几。文职岗位在顶层统治阶级尚保留内侍官、各部尚书、中书舍人等高级别军事文官和文职辅佐人员，他们主要负责建议、管理、统筹、规划等军事事务。而中层的军事参谋、审计、监察等文职岗位和基层医疗、马政、邮驿、制造、运输等文职岗位则难以保持稳定的岗位设置和人员配备，强征的临时文职和世兵制下的女性文职身份模糊、地位低下，受到极大的剥削和压迫，这些特殊因素使这一时期军制和文职制度陷入异化和低谷中。然而，“野蛮的征服者总是被那些他们所征服的民族的较高文明所征服”这一论断在魏晋南北朝军制发展过程中再次得到证明。制度的异化是暂时和过渡性的，旧制度的传承在外部冲击下留存核心文化基因，与“侵入”文化融合形成更具弹性、包容性和生长性的制度范式，重新定义先进军事生产力和军事组织关系，推动军制的整体进化，进而焕发出极强的军事战斗力。

第二，从制度改革的角度看，军制的稳定“常态”与嬗变“非常态”交替，“非常态”成为军制连续发展、创新发展的源动力。军制的“常态”是在稳定的政治、军事结构下实现顺畅运行的。魏晋之前，军制长期保持稳定状态，制度形式向体系化、精细化方向发展。而魏晋南北朝时期皇权低落，异族入侵，社会动荡，军功贵族和门阀士族执掌国家权力，军制混乱，军事人员混杂。凡此种种，无不显示着这一时期的军制发展遭遇曲折，突然步入了嬗变的“非常态”。魏晋南北朝军制的“非常态”持续了三百多年，军事制度的连续性多次陷入濒于断裂的危险境地，然而，我们仍不能忽视“非常态”下的进步迹象，例如，选任官员制度的演变、文职职能的拓展等等。它们来源于秦汉军制的巨大惯性，得益于汉族管理制度的强大向心力，悄无声息地维护着军事制度的根本属性，成为魏晋南北朝与隋唐之间起承转合的黏合剂，通过局部进化的方式，使军制以全新的“常态”开启隋唐盛世。

第三，从人才资源的角度看，文职制度的发展受到国家选任制度和武职制度的双重影响。一方面，文职制度和岗位随着国家选任制度的变化而发生变化。在魏国初期，选任文职官员依照察举制，自下而上推选人才，或招募文人名士、社会贤达，任职于军中。该时期的著名历史人物司马懿和杨修都是受察举制的选任，并最终以参军的身份任职于曹操军中。察举制发展至晋朝后期以后，由长官举荐的制度逐渐转为以地方举荐、中央考试两种形式结合的评选方式，这主要是为了消除当时因察举制造成的贪腐现象，提高选用人才的水平和效率。但事实上，这种转变并未改变察举制的本质，无法扭转只重门第、不顾德才的腐朽局面。九品中正制的选任制度始于三国时期延续到南北朝后期，它有效规避了察举制的弊端，采用“唯才是举”的政策，更加科学、公平地选拔人才。朝廷对不同岗位的文职官员，要求其具备不同的技能水平，因此，中正评定士人的才干、能力、家世，为其划定品级，既可明确文职岗位的专业分工，也可作为文职官吏除授的依据。另一方面，文职岗位与职能任务需符合武职制度的要求和标准。在职能任务上，武职制度对文职岗位提出军事需求，划定岗位能力，构建人员结构。在军事管理上，各司其职的军政关系支持文职制度更加精准地吸纳人才，进而调节军事关系、均衡两方的权力利益。在作战行动上，集中高效的军令关系使文职以专业化的军事能力聚焦为战服务，发挥保障、协同的优势。总的来说，魏晋南北朝的武职制度对“文—武”军事关系的发展、文职岗位的设置产生了显著影响。

第四，从社会发展的角度来看，文职岗位职能一旦与先进组织形态和基层社会需求耦合，便会持续稳定演进。魏晋时期尚书制度一改秦汉的“三公”制度，将宰相的议政权和监督百官执行权分散到各部尚书的职能中，使具有文职职能的五兵、度支、殿中、驾部尚书的权力和威望快速扩大，也使参决军政、规划参议等军事职能能够独立运行。尚书岗位和尚书制度一经诞生便能快速适应更高级、更独立、更灵活的生产关系和组织形态，其在大变革时代下的强大生命韧性和高度融合性是保持该制度长期稳定发展的重要优势。此外，文职传驿官为军事通信服务，在战时颇受政权重视。这一时期的文职传驿官除了传达军事命令外，还广泛接触社会文化事务，其职能范围的扩大提升了这一岗位的社会影响和军事地位，是其设置专职岗位、巩固稳定发展的重要原因。

第五，从宏观历史的角度看，军事制度的发展难以对抗“汉化”的连续性、扩张性和必然性。魏晋南北朝时期是我国历史上少有的大动荡大融合时代。魏晋时期门阀政治大行其道，官僚集团斗争激烈；十六国“以武立国”，马背上的政权保留着较为原始的部落制度；南北朝时期中国既有南北对峙，在北方又有东西政权对峙，文化交融碰撞愈加强烈。这一时期除了西晋有过短暂统一外，国家长期处于南北分裂状态，缺少大一统的强力政权进行统治。南北朝后期，在与中原民族不断融合的环境中，人们思想活跃、富于创造、勇于探索，为新制代替旧制提供了丰厚的实践土壤，异族军政也在与汉式官僚组织结合中形成了高度的专制和集权。由此看来，在看似失序和动荡的文明轨迹下，在看似旁逸斜出的“入侵性”变化中，“汉化”的连续性也在悄然重塑，这一精神核心以其强大的归化力量，引领军事制度演进，推动军事制度向更具开拓性、更具包容性的方向加速发展。

四、文职人员代表人物及其贡献

魏晋南北朝时期各政权军队的文职岗位虽略见于史籍典册之端，隐身于峥嵘行伍之侧，但它们发挥了军事保障和军事服务的独特作用，对当时的王权巩固、军事发展、社会生活产生了一定贡献和影响。这其中，一些著名的文职官员和相关文职岗位在军事政策、军事谋略、军事文化、军事后勤方面的贡献尤为突出。

（一）献屯田策的邓艾

邓艾（约 197 年—264 年），字士载，三国时期魏国杰出的军事家，初为司马懿太尉府的掾属、尚书郎，后历任参征西军事、南安太守、刺史、征西将军、太尉。其人文武全才，深谙兵法，对内政也颇有建树。正始二年（241 年），担任司马懿幕僚的邓艾提出屯田政策，被魏国采纳，在淮南、淮北广开河道，大举屯田。几年之后，沿途兵屯之处均呈现民富物丰的繁荣景象。自此，淮水流域的水利和军屯建设快速发展，致使魏国在该地区的防御力量得到有效增强。屯田政策使曹军战时军粮的供应保障方法获得很大改善，提高了保障能力。一旦出现战事，魏国大军便可乘船南下，直达江淮。据《三国志 · 魏书 · 武帝纪》载，投入屯田的人力，全国兵民凡“男女百余万口”。可以说，军屯是曹魏政权保持作战实力和防御能力的物质基础，为其立国、立朝发挥了重大作用，因此，邓艾的贡献影响深远。

邓艾的传奇之处在于，他的战功赫赫，但与军事屯田这项“战绩”相比，也不过尔尔。邓艾最初以典农吏出仕，善于农耕，通常官做到哪儿，田种到哪儿。曾记载：“迁汝南太守，至则寻求昔所厚己吏父，久已死，遣吏祭之，重遗其母，举其子与计吏。艾所在，荒野开辟，军民并丰。”迁兖州刺史，加振威将军。上言曰：“国之所急，惟农与战，国富则兵强，兵强则战胜。然农者，胜之本也。孔子曰‘足食足兵’，食在兵前也。上无设爵之劝，则下无财畜之功。今使考绩之赏，在於积粟富民，则交游之路绝，浮华之原塞矣。”“昔姜维有断陇右之志，艾脩治备守，积谷强兵。值岁凶旱，艾为区种，身被乌衣，手执耒耜，以率将士。上下相感，莫不尽力。艾持节守边，所统万数，而不难仆虏之劳，士民之役，非执节忠勤，孰能若此?”由此可以看出，邓艾是将屯田和战备、作战与耕种密切地协调起来，较快地提升了生产效率，为作战效能提供了直接助力。

（二）军师荀攸

荀攸（157 年—214 年），字公达，曹魏时期谋士。曹操迎天子入许都之后，荀攸成为曹操的军师。曹操征伐吕布时荀攸劝阻了曹操退兵，并献奇计水淹下邳城，活捉吕布。在官渡之战中，计斩颜良、文丑，策奇兵派徐晃烧袁绍粮草，力劝曹操采纳许攸之计奔袭乌巢，又劝曹洪接纳张郃、高览，皆立下大功。建安八年（203 年），刘表强盛。荀攸力排众议，主张趁袁绍诸子不和而先攻河北。荀攸擅长灵活多变的克敌战术和军事策略，行事周密低调，《三国志》记载：“攸深密有智防，自从太祖征伐，常谋谟帷幄，时人及子弟莫知其所言。”荀攸计谋百出，算无遗策，被称为曹操的“谋主”，深受曹操称赞。曹操评价他：“军师荀攸，自初佐臣，无征不从，前后克敌，皆攸之谋也。”“达外愚内智，外怯内勇，外弱内强，不伐善，无施劳，智可及，愚不可及，虽颜子、宁武不能过也”。

荀攸在魏国曾任中军师，高居于众军师之首，是曹操及其子曹丕时代非常重要的文职官员。在曹操的崛起过程中，实任军师之职，发挥了善谋献计的作用。在魏国立国后，以尚书令身份成为魏国官僚系统中的重要官员，为当时地位极高的文职官员。

（三）军师祭酒王粲

王粲（177 年—217 年），字仲宣，曹魏时期政治家、文学家，“建安七子”之一，曾任侍中、军师祭酒。王粲少时自有才名。建安十三年（208 年），王粲归顺曹操，因其博学多识，深得曹氏父子信赖，一度升迁至侍中，参军国机要。王粲在文学方面的造诣也十分深厚，他的边塞军旅文学成为日后奠定中国边塞诗的早期实践。王粲的军旅文学思想主要形成于辅佐曹操后期，一方面受逐渐明朗的政权统一形势的鼓舞，另一方面也因其身居要职，抱有为国尽忠、建功立业的决心，所以王粲在此时的创作基调昂扬积极。如《从军行》五首，便是王粲对统治阶级军事行动的歌颂，同时也表达了渴望军功、荣誉以及认可的强烈情绪。

朝发邺都桥，暮济白马津。
逍遥河堤上，左右望我军。
连舫逾万艘，带甲千万人。
率彼东南路，将定一举勋。
筹策运帷幄，一由我圣君。

——节选王粲《从军行》其四

（四）女性群像

魏晋南北朝时期，女性参军入伍的事例屡见不鲜，这对传统礼教和女教观念产生了严重冲击，体现出了男女平等、和谐共生的积极社会意义。这种情况的出现一方面是由于佛教、道教的兴起，以及民族融合带来的强烈文化刺激，社会风气和思潮风俗逐渐宽容开放，给予女性更多机会接受教育，参与社会活动，发挥更加重要的社会作用。另一方面，该时期盛行世兵制，世兵制要求整户为兵，世代为兵，全家随军营居，无论男女老少皆服兵役，直至作战牺牲或自然离世。在男性世兵效力沙场的情况下，女性兵员便活跃于军事任务的各个领域，一部分女兵直接参战，挥刀抗敌，另一大部分女兵则为文职辅助岗位。

在这一时期，世兵制治下的军中女性主要从事后勤服务工作，如屯田、戍卫、制造、运输、杂役等。世兵制实行的300余年中，军中女性不可胜数，她们并无典型代表，但每一个人都承担着保家卫国、解救民生的军事责任。在阶级矛盾和民族矛盾激烈复杂的社会环境中，男权主义占据军事生产生活的主导地位，女性文职人员处在历史的阴影面，看似无有所在却也无处不在。在反对封建王朝的阶级剥削、抵御胡族入侵者的野蛮统治和保家卫国、守护同族的军事作战中，在屯田、织造、守卫、修筑的繁重劳作中，军中妇女表现出了坚忍不拔、自强自立的优秀品质，她们以无比巨大的勇气和力量为政权积累物质财富、营造稳定后方、创造军事优势付出着不亚于男子的心血和精力，以大无畏的精神和“位卑未敢忘忧国”的主动投身意识成就了封建统治、军事体制和家庭负担的裹挟下的典型女性文职人员群像。

五、述评

魏晋南北朝时期是中国历史上政治军事发展剧烈波动、制度连续性遭到严重冲击的时代。皇权离散和征伐频繁不仅破坏了社会生产生活，异族入侵、疆土分裂更是威胁着国家民族的存亡。虽然政权的连续性能够促进制度的完善，但是这一时期的民族融合与文化碰撞将中原政权军事制度的传承有序从外打破，从内生长出新的、具有更强大力量的制度范式，为传统制度解体、新旧制度融合、创新制度回归主流这一历史发展路径提供了根本动力。

魏晋南北朝时期的文职制度形成并发展于特定的历史条件、政治背景、经济环境下，原本日臻完善的文职制度体系一夜之间坍塌萎缩。为符合和服务单一的作战要求，各政权形成了具有民族独特性和历史过渡性的军政关系和权力结构，文职职能一步步简化，人才凋零。这一时期的制度特殊性是政权不稳、传承断裂的必然结果，这种制度异化冲击了传统文职制度，最终导致制度分化。进入南北朝时期，政治和军事发展逐渐呈现出稳定进化迹象，文职制度也在强权统治下重新回归范式，在先进生产力和科学的生产关系的支撑下，冲出了旧的、落后的低谷，开启了新的、拥有更高作战效能、更合理的组织结构的发展阶段。在汉族文化强大的定力、包容力的助推下，文职制度顺应“合久必分，分久必合”的历史发展规律，由震荡转为平稳，由低谷走向复兴，为“由乱到治”赋予了崭新的启示意义，为建立服务于隋唐盛世的军事制度发挥了历史性的积极作用。

第四章

隋唐时期文职人员制度

一、历史背景

隋唐期间，军制制度大致相似，特别是初唐时期与隋朝军制基本相近。但是，随着唐朝由盛而衰，战事频繁，军制发生了明显变化，这些变化都给军队管理体系带来了直接影响。这里从隋文帝建立隋朝到唐末期间的军事制度进行介绍，目的在于通过对文职岗位所从属的军事系统进行背景论述，从而使读者了解到这些岗位的演变与从业者做出的贡献。

（一）隋唐军制沿革

1. 隋朝军制概述

自隋朝建立后，凡是涉及军队的事务（如军队的建制、调发，将帅的任用、升迁，制度制定、实施等），都必须由皇帝亲自决定。可以说，军权被皇帝牢牢地攥在手中。此外，还设立了兵部统管全国的军事行政，新设了十二卫府统领全国的军队，在重要地区设总管府处理地方军事事务。

在开皇元年（公元581年），隋文帝杨坚建中书、门下、尚书三省，在尚书省下设吏、礼、兵、都官（刑）、度之（户）、工六部。这也就是广为熟知的三省六部制。六部中的兵部由此正式定名，成为了中央最高军事行政领导机关，统管全国的军事行政事务，相当于今天的国防部。兵部内设兵部司、职方司、驾部司、库部司，每个司都分别有2名侍郎管理具体事务。

隋文帝为巩固其封建统治，沿用了北周的府兵制，但进行了比较大的改革和改造。在中央建立了十二卫府（隋炀帝时改为十六卫府）统领着中央禁卫军和各地军府的地方兵。十二卫府的职责区分具体为：（1）左、右卫府，主要职责是统管皇宫守备侍卫，保卫皇宫安全；（2）左、右武卫府，主要职责是统管皇宫外负责宫禁值守的士兵；（3）左、右武候府，主要职责是皇帝外出巡视时的车马护卫和道路封禁；（4）左、右领左右府，主要职责是管理守卫左右的兵士，并负责供给武器；（5）左、右监门府，主要职责是管理皇宫门禁和守卫之事；（6）左、右领军府，主要职责是管理十二军户口、田地、赋税等登记簿册，差役、诉讼中刑罚轻重以及关于法令考试事务。其中，前八个府均置有大将军，后四个府不设大将军。卫府的大将军向上直接隶属皇帝，对下统领一些骠骑、车骑府（史称“开府”，即建立府属），直接掌握着府兵。大将军设置的开府均分布在京城和地方上重要地带。在京城的，担负“禁卫九重”之责，属于中央禁卫军系统；在地方的，担负“镇守四方”之任，属于地方军系统。每个开府里都设置骠骑将军或车骑将军1人，骠骑将军或车骑将军就是开府的最高军事长官，直接听从中央十二卫府中的大将军指挥，府下设有大都督、帅都督、都督直接领兵。卫府下直管若干个军坊、乡团。除上述十二卫府外，在中央还设有太子东宫十率，即左、右卫率，左、右宗卫率，左、右虞候率，左、右内率，左、右监门率。东宫十率是与十二府（除左、右领军府外）相应而设的禁卫机构。此外还有名誉性官职称号。

隋炀帝时期，在进一步加强中央集权统治的同时，大力扩充府兵，加强军事实力。大业三年（607年），杨广将十二卫府制改组扩充为十六卫府制，具体为：左、右卫府改设为左、右翊卫，左、右备身改设为左、右骁卫，左、右领军府改设为左、右屯卫，左、右武候府改设为左、右候卫，左、右领左右府改设为左、右备身府，左、右武卫和左、右监门府保持不变，新增左、右御卫。在十六卫府中，除左右备身府负责侍卫皇帝、左右监门府分掌宫殿门禁外，其余十二卫均统领府兵、宿卫京城。因此，也把十二卫所统之兵称为“外军”。十二卫的组织编成情况如下：每卫各设大将军1人、将军2人，由皇帝统御，总管府事及其所属府兵的指挥管理，减少了卫府的领导层级。隋炀帝在改组和扩充中央卫府机构的同时，将原各卫府所领的骠骑府、车骑府，一律改为鹰扬府。将骠骑将军改为鹰扬郎将，仍为开府的军事主官；将车骑将军改为鹰扬副郎将（后又改为鹰击郎将），为开府的军事副职。其下又改大都督为校尉，帅都督为旅帅，都督为队正，并增置队副。可以说，十二卫府兵由皇帝赐以专用名号，这样的做法既凸显了府兵的禁卫军色彩，又有利于封建朝廷对府兵的控制。

在地方上，隋文帝参考北周旧制，将三级行政区划改为州、县两级制，并在州设立总管。根据州的大小和重要程度，分为上中下三等级，并且由皇帝任命的“加使持节”的州总管，统一负责该州所属地区的军事和戍守事宜。再根据县的具体情况，分别设立镇、戍、关，镇设置镇将和副将，戍设置戍主和戍副，关设置令、丞，统管所辖地的戍守事宜。隋炀帝在大业三年（607 年）改州为郡，实行郡、县两级制；与此同时，下令取消了总管的设置，郡里设置都尉、副都尉，负责统管一郡军事事务；在各军事重镇，又增设防主、副官加以统管。

总体看来，隋朝军队的指挥大权，为皇帝所独揽；可是，在不同的时期，表现形式又有所区别。隋初的作战指挥体制是隋文帝统御和部署，但不亲临战场，而是通过委派行军元帅直接指挥，由行军总管各自率兵按照统一作战部署，遂行作战任务的；而隋炀帝常是亲自率军出战，为进一步加强对军队的有效控制，他还设了御史监军一职。

2. 唐朝军制概述

唐初仍沿用隋制的三省六部。为实行高度集权化的专制统治，仍通过尚书省下的兵部、十二卫府和东宫六率（改自隋东宫十率）、派遣监军的方式实现对全国军队的控制。在中央，尚书省下设的兵部依然是全国最高军事行政机关，部内仍设置兵部、职方、驾部、库部四司（唐玄宗天宝时曾将兵部改称“武部”）。大多数时候，兵部只管理军事行政工作，并不能直接指挥军队。四司中，以兵部司为本司或头司，其余为子司。每司的正副长官分别是郎中、员外郎。

唐朝军制与其地方官制紧密联系。唐朝实行道、州、县三级管理。道，在唐初就是指监察区。自玄宗起，为了便于军事领导和管理，从外向内地设立都督府，并且给予都督所在地军政大权，授予“使持节”的名号，史称“节度使”。此后，节度使不仅拥有行政、监察权，而且还有军事指挥权；“道”也不再是简单的监察区，成为了更高级别的行政区划。因此，在唐中后期，不少节度使拥兵自重，逐渐形成了藩镇割据的混乱局面，也直接影响到唐后期兵制的变化。

唐初军事制度仍以府兵制为主。武德二年（619 年），唐高祖将关中分为十二道，每道各置一军，合计十二军。各道上的军府都归十二军统领。第二年，十二军各立军号，每军置军头、副军头各一人，来监督耕种劳作和战斗行动。不久，又仿照隋朝旧制，重新设置了骠骑将军府，每府置骠骑、车骑二将军。此骠骑将军为府兵制度的基层军府主官。军下有坊，置 1 名坊主，主要负责检查户口，督促开展农业、手工业和养殖业等。在武德六年（623 年），以天下已经平定为由，废除十二军。武德八年（625 年），因东突厥入侵，又恢复了十二军的建制。此后，十二军构成了唐初府兵基层组织的骨干力量。同样，唐朝府兵也是农时耕作、农闲操练、分批轮番戍边或是宿卫京师，具备了“寓兵于农”和“兵农合一”的基本特征。每当战事发生，由朝廷委派将领带兵出征；战事结束后，则“兵散于府，将归于朝”。此外，唐高祖还在中央设立了府兵的最高领导机构，即十六卫和东宫十率（后改为十二卫和东宫六率），并分别任命大将军和将军。比如，众所周知的秦琼和程咬金就曾任过十六卫的大将军。简单地讲，当时的十六卫主要是负责关中地区的府兵，而十六卫的军将往往会被皇帝委以重任，特别是在选派出征将领之时。例如，大败突厥的苏定方，曾任左骁卫大将军；出征高丽的薛仁贵，曾任右威卫大将军。之后，唐太宗又对府兵制加以改革，其中最重要的改革就是建立折冲府①。折冲府的分布设置，以“举关中之众以临四方”和“内重外轻”的军事布局为原则，并考虑到对边境重点地区（如河东道是突厥南侵的要冲地带）的侧重防御。各折冲府的兵源和府兵家室居

① 折冲府是唐代府兵制基层组织军府的名称。折冲府分布各地，随时置废，全国府数增减不恒。其中所载数字最少的为 574 府，最多的可达 800 府。为了居中驭外的军事战略，唐代军府集中设置于关中，大致占总数的三分之一以上，其次为河东、河南，南方军府很少。

处有一定范围限制，分别称为“地团”“军团”“乡团”。这些兵源的户籍属于州县，军籍则属于卫府。地团的范围大小要按折冲府分布的疏密和兵役的轻重而定。凡兵役重、兵源多的州，折冲府设置的就多，地团区域就小。反之，地团区域就大。按地团的大小和领府兵人数的多少又分上中下三等，每府都置折冲都尉 1 人，左、右果毅都尉各 1 人（官职比折冲都尉低一级）。兵满 1200 人者为上府，折冲都尉为正四品上；1000 人为中府，折冲都尉为从四品下；800 人为下府，折冲都尉为正五品下。折冲都尉为折冲府最高长官，掌五校之属，统管兵器、军粮、差役和训练。每年十一月，他们要向兵部上报统领的士兵和兵马数量；在农闲时，他们要带领下属的将士练习军事战斗阵法，并负责维持当地的治安。左、右果毅都尉是卫府副长官，主要负责协助折冲都尉处理府务。如果遇到要征调本府的卫士，折冲都尉就要与这个州的刺史查验符牌，如一致，便可调配卫士。当时，如果要征调全府，就需要折冲都尉以下的全府官员一同；如果征调部分府兵，就需要由果毅都尉带领前去；如果征调人更少的，就由别将带领去即可。

唐朝的府兵编制大体可分卫、府、团、旅、队、火 6 个组织机构。其中朝廷十二卫和东宫六率是府兵的最高领导机构，折冲府是府兵的基本建制单位，团、旅、队、火则属于折冲府之下的基层组织。府兵有内、外之分。[①] 其中，内府三卫的卫士均为品官子弟，仅限二品至五品官员的子孙；外府的府兵主要由六品官以下的子孙以及普通百姓服役组成。凡是入府的府兵，一般农忙时参加生产，冬季农闲时习武练兵。府兵在服役期间或出战前，还要由折冲府的官员组织考试，这既是对府兵平时军事训练成绩的最后考察，也是在战前进行的实战演习。

从唐高宗时起，府兵制开始瓦解。许多地方折冲府不能正常向京城输送卫士，在宿卫的府兵也纷纷逃匿。究其原因，主要包括三个：一是府兵地位不断降低，早已没有唐初时期的优势和吸引力；二是府兵常被卫将军随意使用，不少甚至沦为他们的私人杂役；三是戍边生存条件艰

① 内府指中央的五府三卫及东宫的三府三卫。五府三卫为亲卫、勋卫、翊卫，而勋卫、翊卫又分为一、二两府，故名五府三卫；东宫的三卫不再分府，故为三府三卫。

苦，府兵自带给养，还会被有些贪婪狠毒的边将蓄意残害，被图谋所带钱物。由于朝廷无法征集足够的宿卫，不得已实行募兵制来解决这一问题，期望通过征募一些募士来解决，这就是彍骑制度。可是，所征募士不问出处，多为市井无赖，不仅没有经受军事训练，也不服从严格的军事管理，可想而知，这一制度存在很大的漏洞，因此很快就废弛了。在府兵制瓦解、募兵制兴起期间，还曾存在过团结兵。它是武则天统治时期，因战争频繁，征发府兵及兵募已不能满足军事需要的情况下出现的一种地方军团。团结兵的性质应该介于府兵和玄宗时的募兵（即雇佣兵）之间。到了唐中后期，还出现了方镇之兵。方镇，就是指节度使所统率的一般军队及兵马。

为了在战时加强对军权的控制，唐朝学习隋炀帝设立监军制度。在《通典》卷二十九《监军》中记载："开元二十年（732 年）后，并以中官为之，谓之监军使。"其实自武则天执政以后的第二年，御史监军已由习惯变为成文法令。可以说，监军御史可谓官卑权重，凡军中大小事务都得向其承禀，受其控制。可是，随着唐军事外重内轻的局势转变，在外领兵统帅长期不换，监军御史逐步成为统军将帅的附庸。这时，为了转变局面，最高统治者只好派出家奴监军。故自玄宗开始，主要派宦官监军，称之为"监军使"。

当然，唐玄宗推行节度使制度后，当时的军制有了巨大改变。这种以武官制度为主的变化，在安史之乱后尤为凸显。当时，在地方上，以节度使等为代表的地方武官逐步成为了主体。唐代宗试图通过两次改革，以此限制地方军权，在某种程度上起到了一些效果。可是，在当时中央集权削弱、地方藩镇势力巨大的背景下，这些改革并没有真正得到贯彻和执行。府兵制度废弛，募兵制度兴盛，地方藩镇割据，节度使军政合一，逐渐已成为当地名副其实的"土皇帝"。此时，地方军队常备化成为了"固态"，地方军事使职权力和官职越来越大。特别是，唐后期藩镇的广泛存在，也产生了重要影响。虽然地方藩镇在抗御邻藩和外寇中发挥了重要作用，但是其军事实力不断增强，地位与日俱增，逐渐对中央政权造成了巨大威胁。为了与藩镇地方力量对抗制衡，中央专门成立了以神策军为代表的禁军，同时分割藩镇巡属，限制藩镇对支郡的控制，不断扩大支郡的独立性。可以说，中央与地方的矛盾斗争直接影响着晚唐的军事制度和历史发展，也很大程度上影响着当时军队文职人员岗位的设立。

（二）文职人员岗位发展原因

《新唐书》中记载："盖唐有天下二百余年，而兵之大势三变：其始盛时有府兵，伏兵后废而为彍骑，彍骑又废，而方镇之兵盛矣。"从这里，不仅能看出这一时期军事制度兴废变革，而且可以看出当时中央统治集团与地方军阀之间争夺军权的矛盾关系。也正因隋唐战事频繁，故军事制度不断吸收和调整，进而形成了一套完整而灵活的军队文职事官体系。他们或身居高位，如兵部尚书（正三品）、兵部侍郎（正四品下）凭鱼书调发府兵；或职轻权重，如长史、判官之流，直接负责军队行政管理和后勤保障等事务。特别是唐朝文武职官经常改任，实际上都得益于官、爵分离。唐代授官主要有职事官、散官、勋官三个系统。其中，无论是文职事，还是武职事，都与身份地位无关，仅类似于职务。如侍中、六部尚书、刺史等均属于职事官系统。散官用以区别官员的地位，类似于行政级别，也分为文武两班。勋官则是对作战有功之人的特殊表彰，相当于荣誉称号，而且文武通用。当然在授官之外，唐中央还可以对有功之人赏赐以爵位，这叫"赐爵封赏"。除此之外，在军队中还搭建了一个以长史、录事参军事和诸曹参军事为主的军队文职事官体系。尽管这个群体的品秩不高，但却参与军队的重大决策、参谋咨询、日常管理、人事管理和后勤保障等各项工作，是当时军队中的重要力量。后来，随着节度使制度的成熟，节度使还可自行选人充任军中的文吏。由于他们都是节度使任命，无论从关系、能力上都备受重视，大多都参与军中各类事务。由于唐代实行职事官、散阶、勋官、爵位分离的制度，故文武职事官之间的改转也比较灵活，从高层所谓的"出将入相"，到兵部、吏部选官时的相互推荐选用，再到地方的私人僚佐参与。这些制度的形成，既有利于人才的合理使用和流动，又有利于当时军中文职岗位人才的涌现，给这部分人才提供了更为广阔的舞台。

二、特色文职岗位

从隋唐中央设立兵部等职，到府兵制和幕府等军中的职位，有不少岗位相当于现代军队中的文职岗位。这些岗位遍布军中，并且发挥着重要的作用。

（一）兵部四司中的文职岗位

隋唐时期，兵部都是中央最高军事行政领导机关，置尚书为长，侍郎为副，下设兵部、职方、驾部、库部四司。

兵部司主掌全国武官评品、选授、武举及兵马名帐、调遣之政令。该司为头司（本司），其余为子司。设郎中 2 人，员外郎 2 人。两名郎中，一人掌兵马名帐和武官的勋禄品命及选授之事，另一人掌管判簿和兵马调遣。两名员外郎，一人掌管武举，选拔武官；另一人掌判南曹，即管审核选人的资历档案。

职方司主掌地图、城隍、镇戍、堡寨、烽堠及征防路途远近诸事。该司设郎中 1 人，员外郎 1 人。凡天下州府的区域、都鄙的废置、疆界的争议，都由该司举正裁决。

驾部司主掌御辇、御马、车乘、邮驿、厩牧。该司设郎中 1 人，员外郎 1 人。全国有 1600 余所驿，驿务归所在州县管理，驿政则总于该司；全国监牧之务归太仆寺管理，监牧政令则总于驾部。

库部司主掌全国武器、仪仗、符勘、尺籍、武学诸事。该司设郎中 1 人、员外郎 1 人。在具体工作中，掌武器仪仗的卫尉寺要“大事承制敕，小事则听于尚书省（库部）”。

（二）十六卫中的文职岗位

隋朝十二卫府（后改为十六卫府）左、右卫府，左、右武卫府，左、右武候府的府直配有长史，司马，录事，功、仓、兵、骑等曹参军；左、右领左右府配置长史，司马，录事及仓、兵二曹参军事，铠曹行参军；左、右监门府，府直不设大将军，但置将军各 1 人，配有长史，司马，录事及仓、兵曹参军，铠曹行参军各1人，行参军4人；左、右领军府不设将军，仅置长史，司马，掾属，录事，功、仓、户、骑、兵等曹参军，法、铠等曹行参军各1人，行参军16人。又置明法4人，隶于法司，“掌律令轻重”。那时设置开府，诸开府置骠骑将军或车骑将军1人，府直机关配置长史，司马，录事及仓、兵等曹参军，法曹行参军。左、右领军府主掌十二卫府籍帐、差科、词讼诸事，并内设明法4人，专掌军事法令。十六卫府中的左、右备身府，左、右监门府等四府，因不领府兵，故不设大将军、将军职，左、右备身府，各府除置长史，录事，司兵，仓、骑参军等幕佐人员。

唐前期的军队组织指挥体系，在中央是十六卫和东宫十率，在地方则是都督与都护。十六卫创设于唐高祖武德年间，太宗时一仍其旧，高宗、武后时数易其名，其设官员亦有增减。一般是每卫设大将军一人，正三品，将军二或一人，从三品。另有长史一人，从六品上，为大将军和将军助手。录事参军一人，正八品上，掌诸曹。另有仓、兵、骑、胄四曹参军各一至二人，正八品下，仓曹掌文职军官的勋考、禄修、医药及过所，兵曹掌武官宿卫番第，骑曹掌府马杂畜簿籍，胄曹掌甲胄及其修缮。四曹与录事参军并号卫佐，其下又有司阶、中候、司戈、执，并为卫宫，号称四色官，分别为六、七、八、九品。

（三）军队后勤领导机构中的文职岗位

在折冲府中，折冲都尉为卫府长官，左、右果毅都尉为副长官，协助长官处理府务。长史主管仓储、车马、介胄之事及簿书、会要之法。掾属是由主官自己出钱雇佣或任命的官员，类似私人助理或秘书。

按照府兵制的规定，宿卫京师和戍守边防的府兵要自备衣粮，这就是所谓的府兵“随身七事”，即弓、矢、胡禄、横刀、砺石、毡帽、毡装等物品。另外，府兵的基层组织折冲府还须自备“火具”和“队具”之物。这些军资用具都要随同府兵贮存于服役之京师或各边防军镇的军资库中，管理军库的官员司库、司佐等要按照规定发给“食券”，而府兵凭“食券”来领取自己存入的物资。这些管理军库的官员要对入库的物资认真核对清点封存。除此之外，一些军资库还要管理朝廷支付临时召集的兵募、义征以及补助府兵的物资。随着府兵制的发展变化，这个基层领导机构的后勤供应作用日益重要。

唐前期，配发给府兵的重兵器，均由隶属于少府监之下的军器监负责制造，隶属于中央的两京武库和武器署负责保管、贮存，而兵部的库部司负责调拨和分配这些兵器。其中，军器监下设弩坊署（专门负责矛、弓、弩等武器的制作）和甲坊署（专门负责甲胄、筋角等武器的制作）。而两京武库和武器署管理的武器，只有见到皇帝的敕令方能领取。到了唐肃宗后，废军器监，置军器使。当时，各个地方州府也可组织制作武器，各节度使需安排专人监制，加之制作要求严格，当时很多地方武器的质量全国闻名，如河中的弓、安定的甲。

自唐朝建立之初，便着手马政建设。太宗大兴马政，完善马政制度，大量监牧养马。由于马政的复兴发展，使唐骑兵战斗力大幅提高，也在一定程度上巩固了边防安全。同时，由于骑兵数量众多，马政在唐朝军制中占有重要的位置。当时，负责管理军马的最高领导机构是驾部司和太仆寺，而监牧养马多设在关内、陇右和河东诸道。驾部司前面介绍过，这里简单介绍下太仆寺。太仆寺主管马牧，长官为太仆卿、太仆少卿，下设牧监、副监、主簿、直司等官吏。其中，牧监主要设在陇右及其他地区，具体负责马匹的牧养管理等事务。牧监按所养马匹数量，分为上监（养马 5000 匹以上）、中监（养马 3000 到 5000 匹）、下监（养马 3000 匹以下）。每监设牧监、副监、丞、主簿等职。牧监所属马匹分群放牧，每群设牧长、牧尉等职来调教马匹。当时，朝廷重视马政工作，对马牧繁殖、死耗等都有明确规定。比如，牧监所属马匹繁育超过规定数量者有奖，死耗超过规定数量者则罚。这样的奖惩管理措施，大大促进了马政的迅速发展。唐朝马政最鼎盛时期，在全国置牧监共 48 所，养战马 76 万多匹。

此外，在古代后勤工作中还不能忽视军事医疗。遗憾的是，现在已找不到专门记载军医制度的典籍，但是从一些文献中还可以看到唐朝军队中对于军中伤病员的重视程度和基本的军医职官设立。在《通典》中记有，唐太宗东征高句丽途中，有一从卒病重，太宗亲自问候，并令州县“加供给”。当时，在军中设立“检校病儿官”，每日负责本营内伤病员的饮食起居和治疗，同时还要随时将伤病员情况上报总管。检校病儿官下设若干医人，负责具体的巡营救治工作。当时规定，遇有军事行动，检校病儿官要根据伤病员具体病情安排陪护和马匹等；一旦发现不救治不管理伤病员的情况，要被杖责；如若被发现“未死而埋者”，要被处斩。从这些文字中，不难看出唐朝军医制度的严谨和全面，也可看出军医等职官的重要作用。

（四）其他文职岗位

隋唐时期，除了在兵部、军事、后勤等岗位设立有文职岗位，还增设了一些特殊的文职岗位。这些岗位虽然不是传统意义上的军事要职，但是对于当时的军队建设还是具有重要作用的。因此，研究这些文职岗位，对于全面了解隋唐军制中的文职岗位具有重要意义。

1. 监军

监军在历史上由来已久，但在唐以前无常设之官。《通典》中说，隋末有时以御史监军，唐初沿用此法。监军的首要任务是保证军队服从朝廷的指挥，沟通中央与藩镇的联系。其次，考察节度使的政绩和军纪情况，并向朝廷报告。再次，协助军将治理军队，消除兵乱。唐朝廷在藩镇常设的监军机关称为监军院或监军使院，由监军使领导，任期一般为3年。监军制度的出现，适应了朝廷对藩镇控制的需要，对维护唐中央政权的统治发挥了一定的作用。

2. 行军幕僚

幕僚来源于幕府制度。幕府制度是官吏引荐其亲信士人入府署出谋划策政事和军务等事务的制度。幕府中的僚属称幕僚，故幕府制度也称幕僚制度。幕僚同编入正规官制的官吏有明显的区别。其主要功能为：置备顾问、咨议谋划、参与决策、掌握机要、典属文书，乃至迎接宾客、经办庶务或代主巡行出使等。不难看出，这里的参议决策和掌握机要两个功能，凸显了部分幕僚在当时发挥着不小的作用。

唐代行军的大总管、总管、子总管都配有相应数量的僚职官员。当时，一般将行军统帅的总管府称为军将统帅，下属军将的指挥机构称为营司，这两部分幕僚分别称为军司幕僚和营司幕僚。军司幕僚的基本构成是长史，司马和兵、仓、骑、胄四曹等。其中除因人数较少省置司马或骑曹外，一般行军都置有长史，司马和兵、仓、骑、胄四曹或四司。军司幕僚除长史、司马和四曹外，还有一个掌书记的重要僚职。这个僚职的官称前后有变，最初叫记室，以后或称管记或称典书记，最后才通称掌书记。隋末唐初，行军帅府置有记室屡见不鲜。祖君彦和许敬宗曾任瓦岗军首领李密的“行军元帅魏公府”记室，房玄龄、于志宁曾任李世民“渭北道行军元帅”记室。记室是官号，因其职掌主文书，又俗称管记、典书记等。高宗、武后时期，行军管记的职号已逐渐取代记室的官号。武周以后，管记虽仍不断见诸记载，但它已属屯边镇军统帅僚属的性质了。再往后，管记又进一步演称为节度使主要幕僚之一的掌书记。长史、司马、管记和四曹是大多数军司僚职的普遍之制，除此外还有一些可能并非普遍之制的僚职，如判官、典签、从事、参谋等。营司幕僚是行军统帅下属营级主官的僚职人员。营司幕僚主要有司兵、司骑、司胄、司仓“四司”。行军的营主都置有司兵、司骑、司胄、司仓四个僚职，四司是营司幕僚的主要构成。除四司外，营司幕僚还有判官和城局。

如上所述，军司的僚佐有长史、司马、管记、判官、四曹、从事、典签、参谋等，营司幕僚有判官、四司、城局，这些僚职存在于行军只是就总体而言，并不是每道行军全都设置。当然，现实中行军规模大小、人数多少都因敌情和时限等条件而有所区别，因此僚职的设置也不尽相同，行军僚职的设置很灵活，伸缩性极大。

唐朝在行军僚佐内部有着严格的等级制和具体的分工制，可以说，从上至下都是等级明确、分工细密。长史是军府内地位和权力最重的僚职。行军长史对所属府务负全面之责，掌领着兵、仓、骑、胄四曹和文簿典职、廪料请给、卒伍名数、器械粮储等事务，他的职权范围有些类似现在军队中参谋部和保障部一部分职能的集合。行军司马相当于行军长史的副职，其主要职能是“申习法令”，相比于长史而言，他更多负责军事行动方面的工作。判官，位列副使和行军司马之下，这一职位出现时间相对较晚，主要是行军司马之下管理四曹官员。四曹职掌整个行军，兵曹负责官兵名簿，仓曹负责管理军粮供应，骑曹负责军马、杂畜管理，胄曹负责管理兵甲器仗。四司与四曹职掌性质相同，只是职权范围更小，仅限于本营。其中，司兵与兵曹职掌相同，司骑与骑曹职掌相同，司胄与胄曹职掌相同，司仓与仓曹职掌相同。行军管记，也称行军记室，主要是“掌表奏书檄”。城局，主掌府内各类杂务。典签，主管传达亲王宣布的文书，“掌宣传教令事”。但是，行军典签也有场合限制，只适用亲王出任行军元帅之时，这一点是由于唐朝太宗朝以后在人事惯例上常用亲王出任元帅，代表皇家参与军队事务。知行军参谋，是参与军事“参议谋画”的僚职。

行军统帅对僚属的辟署权，就是根据具体情况需要自行署置官员的权力，是隋唐行军中非常普遍的现象。李世民为渭北道军元帅时先后召署于志宁、殷开山、唐俭、房玄龄、长孙无忌等为长史、司马、记室、典签等。高宗时期的名将裴行俭，先后担任过定襄道行军、金牙道行军和波斯道行军。可见，辟署制是行军选官制度的重要形式之一。行军统帅的辟署权得到了法律的明确肯定和保证。唐代行军辟署制与隋以前辟署制具有不同特点。隋以前的辟署制基本上是辟主自行辟署僚佐，辟主完全可以自己定夺，无需请示朝廷。唐代行军的辟署制则不然，行军统帅虽有“量事权置”的权力，但辟署的僚属需要得到朝廷批准或预先得到朝廷的特许，朝廷拥有最后决定权。行军统帅的辟署权是一种不完全和有限度的辟署制。担任僚职是当时行军僚属来源的通行作法和正常途径，将自己原来常设机构的僚属移任为行军总管府的幕僚。可见，承制辟署权又要受到一定范围和数额的限制。唐代节度使幕府编制是法定的，但朝廷又承认无编制限额的惯例。这时，辟用方式更加多样，拓宽了自聘幕僚的途径，强化了幕主与幕僚之间的主客关系。其中一个突出表现如自唐中后期，本是作为唐代中央基层文官的校书郎开始从中央基层文官系统中脱离，逐步走向幕僚序列，成为幕府僚佐的组成部分。辟署制度逐渐成熟，幕僚队伍不断扩充。①

① 辟署制的两种形式即奏授与承制。以奏授辟署制较为普遍和常见。承制辟署的实例主要见于隋末唐初的战乱时期，奏授辟署制则通行隋唐整个行军制度时代。对后代产生重大影响的也正是奏授辟署制。行军统帅的部分僚职（如长史、司马等）在个别场合也有由朝廷直接任命的。

3. 使府文职僚佐与掌书记

唐代中后期，随着边防模式调整和府兵制的破坏，行军幕府①也逐渐向节度使府转变。当时，藩镇在全国普遍设立。藩镇的职事官有两个系统，即州县职事官系统和使府幕职系统。两个系统的人员任命完全不同，州县官员由朝廷派驻，使府幕职官则由府主（节度、观察等使）直接任用。而对于使府幕职官，也分为文、武两类。其中，文职僚佐大致包括副使、行军司马、判官、掌书记、支使、推官、巡官、衙推等。这些文职僚佐的出身基本有三类：现任官、获得进士但未被朝廷铨选者、布衣。由于在藩府中实际发挥作用的差别，他们对中央统治表现出不同的态度，因此也产生了大相径庭的结果。一是当节帅拥兵自重时，总有一部分文职僚佐成为其心腹和羽翼，为其出谋划策。这部分人可能终生充当僚佐，最多也是在藩镇幕府之中变动。二是一些僚佐坚定地表现出拥护中央和维护国家统一的心态和立场。比如，《旧唐书·史孝章传》记有：魏博节度使史宪诚之子史孝章屡次劝谏父亲不要违背圣意，对唐王朝极其忠诚，因此受到唐文宗嘉奖。这部分僚佐在藩镇任职一段日子后，常被中央征召，往往仕途比较顺利。三是不少僚佐面对当时的政治背景有更多的考量，往往不表明自己的政治立场，从事着日常事务。他们是否出幕，常常由藩镇与中央关系决定。

掌书记应该是使府文职僚佐中比较具有特点的职务。但是，掌书记并非中晚唐后才出现，从东汉的记室令史开始，书记、记室、记事参军等都可看作是掌书记的前身。中唐时期，掌书记多为科举入仕者；进入晚唐后，各路诸侯混战，所以只能不拘一格降人才，掌书记来源也更为多元。掌书记作为藩镇幕僚体制下的重要幕职，虽非律令制国家下的正式官员，但也不能以明清幕宾制下的幕僚视之。在一定程度上，唐代藩镇掌书记被纳入国家官僚体系内，而检校官的作用正是为了确定官衔和

---

① 幕府，最早是指军队出征时在野外搭建帐幕之中的指挥部，见于《史记·冯唐列传》："上功莫（幕）府。"之后，逐渐把雄踞一方的军政大员官署称为"幕府"，有时甚至把有权势的军政大员称为"幕府"。被这些军政大员招募来办理府内各类事务的文士，可称之为"幕宾""幕僚""幕友""僚佐"。这些僚佐虽然没有名正言顺的显赫官职，但由于其为幕府出谋划策、参与机要事务、联络官场等要事，他们在政治军事活动中的作用一般来说比较重要。

待遇。中晚唐时期，中央对时局还具备较强控制力，掌书记的辟署和迁转还能按照制度要求施行。可以看到通过科举入仕，尤其是拥有进士身份的掌书记占了大多数；同时，不少士族后裔入幕任掌书记，也能体现此时期士族在社会上依然保持着强有力的地位和威望。掌书记迁转部分，以地方官和中央官迁入幕府任掌书记的情形较多，而迁出大多以入朝为第一去向，就算第一迁出官非中央官，但日后绝大多数还是能入朝，仕途相对看好。另外，掌书记所带检校官多循制度严格规定，以八、九品中央官为主。掌书记虽为藩镇幕僚体制内下层文职幕僚，但“精英”色彩较浓。不少掌书记在历史上都留下了名字，比如我们熟悉的李商隐。

三、文职岗位在隋唐时期的发展

（一）形成相对完整的军队文职事官体系

隋朝和唐前期大致相似，都是集兵权于中央，在中央设十二卫或十六卫。这些文职事官品秩不高，其中属长史品秩最高，也不过是从六品；但是他们属于职轻权重，不仅专掌卫府的财政，而且要协助大将军考核卫府军将和文职，是相当重要的职位。而正八品下的文职事官则分掌五府文官、武官的行政管理和后勤保障相关事宜，这既有力地说明了存在文官和武官两个体系，也说明这两个文职事官均是相当重要的军中文官。

唐前期在各个折冲府中，除了武职事官，还配有文职事官。唐代疆域辽阔，为此还不得不沿边设立据点戍守，在这些军镇中同样设置有相应的文职事官。

此外，唐代还设有五大都督府。按规定，五大都督府皆是文职事官。从而由上而下形成了一个完整的军队文职事官体系。开元天宝年间，府兵制日渐破坏，戍边兵卒逐渐以募兵为主。虽然行军司马仍由武官担任，但所管工作已类似于文官。在地方节度使麾下置记室掌书记，为节度使属官，掌朝觐、慰问、聘荐、祭祀、祈祝之文及号令、升黜之事，军队中的记室掌书记也负责军队战情军需的记录、文书、信件等事务。可以看出，节度使掌书记就是文职，多由文人担任，史上有很多名人就任过此职，如岑参等。可见，正是由于相对完整的军队文职事官体系吸引了更多的优秀人才，也使文职事官在隋唐军制中发挥了比较重要的作用。

（二）建立比较灵活的文武职事官转任制度

正如前面所讲，唐朝文武职事官改任比较频繁，也相对容易。

一是高级文官可以充任军事主官。这种情况在唐前期通常有两种：一方面，大军出征时，由于部队是由兵部凭鱼符[①]临时调发组成，所以通常要任命大元帅或行军总管带兵，当时文官也能担任军队统帅。另一方面，给地方官员冠以军事职官的名号，也可使文职事官更易带兵治理。

二是文官改任武官。吏部可以从科举及第者中选拔合适的人选作武官推荐使用，兵部也可以从参加武选的武官中推荐文官，文、武两途是相通的。当时，文官转武官的要求比较严格，如不能达到，就会被送回吏部。同时，军中有文者也能送到吏部，参加考试后当文官。反之，如果已经成为文职事官，也有机会改作武职事官。事实上，唐代文官转做武官的数量并不少。

三是武官改任文官。首先，当时的武官都能在宿卫军中讲习儒经，具有一定文化基础。因此，武官是具备转任文官的基本能力，任期满可做出选择。其次，武官转文职事官多有越资历授官的现象。安史之乱前，由于国家开疆拓土和堪定边域的需要，武官升迁较为容易，所以杨炯才发出了“宁为百夫长，不做一书生”的人生感叹。当时，军中的文武职事官都可以要求改任文职事官，但是由于军功升迁太快，武官转文官又多有越资历授官的现象，后来才规定要从散官序列改官，只享受较高的级别待遇，并不授予较高的行政职务。

但是随着府兵制的破坏，武官的地位和待遇大大下降；加之勋官过多，所以想转为文官的人不断增多。到文宗时，中央对转官做出了更多的限制，一方面延长了改转的最低年限，限制了改转人数和品级；另一

---

① 唐代鱼符是唐代官员使用的鱼形符契。一般长约 6 厘米、宽约 2 厘米。分左、右两半，中间有“同”字形榫卯可相契合。用鱼符证明身份是唐高祖李渊的一项发明。鱼符分左右，左符留在派出单位，作为“底根”；右符由持有人随身带着，作为身份证明和权力象征，可用于调动军队、任免官员。所以，左右符的数量不需对等，右符数量由实际情况和持有人数决定。

方面还对那些想改转较高品级文职事官的武官提出了要立有军功的准入条件。

四、文职人员代表人物及其贡献

（一）隋朝谋臣高颎

高颎（541 年—607 年），隋朝著名宰相、军事谋臣。又名敏，字昭玄，鲜卑名独孤颎，渤海蓨（今河北景县东）人，是隋文帝最重要的辅弼大臣，也是隋朝初年政治舞台上的核心人物。高颎之父高宾是上柱国独孤信的僚佐，曾官至刺史。杨坚为周静帝丞相时就了解高颎的才干，任命为相府司录。相州总管尉迟迥起兵反叛，高颎请将兵平叛，自愿前往监军，命人在沁水上架桥，大破尉迟迥军。因此次战功，高颎升为相府司马。隋文帝建立隋朝后，高颎见隋文帝有统一南北之志，便推荐贺若弼、韩擒虎二将分别任吴州和庐州总管，作灭陈准备。开皇八年（588 年），高颎在统一战争中担任晋王杨广元帅府长史。他知兵事，多计谋，指挥若定，功勋卓著，指挥全军一举平南陈。当时，他以睿智的全局眼光尽心为杨坚出谋划策，进献了著名的“取陈之策”。他的“灭陈战略”大致包括三个方面的要点：一是从经济上破坏陈朝的生产秩序，以“废其农时”；二是派遣间谍进入陈国境内大肆焚毁战略物资，彻底破坏其财力物力，扰乱军心士气；三是佯动而麻痹敌军，趁其不备发起突击，从而收到战略突袭的奇效。当时，高颎详细周密的计划，深受杨坚的重视。但是，后来他因反对废太子杨勇而得罪了独孤皇后，被贬为平民。直到隋炀帝时，才重新被起用担任太常卿。大业三年（607 年），他见隋炀帝奢靡，因忧虑国家而议论，被告发后杀害，时年 66 岁。

高颎为相执政二十多年，可以说是竭诚尽职，功绩卓著。他珍惜人才，善于识别和推荐人才，注意保护有功之臣，积极向杨坚推荐了苏威、贺若弼、杨素、韩擒虎等名臣良将。他为人谦逊，不居功自傲。史称其有“文武才略，明达世务”。

（二）初唐名士岑文本

岑文本（595 年—645 年），字景仁，邓州棘阳县（今河南省新野县）人。唐朝宰相、文学家，西梁吏部尚书岑善方之孙，隋朝虞部侍郎岑之象之子。岑文本在武德年间为河间王李孝公的幕僚，他、李孝公都与李世民关系亲密。贞观元年（公元 627 年），岑文本拜为秘书郎，先后上《藉田颂》《三元颂》，文辞甚美，才名大震，后经李靖推荐，授中书舍人。他在颜师古免职后被任命为中书侍郎，专门掌管机密文件。

岑文本虽然官高禄厚，但其先后为人谦逊，孝敬母亲，抚育弟侄。唐太宗曾称赞他“弘厚忠谨，吾亲之信之”。唐太宗立晋王李治为皇太子后，曾想让岑文本兼任东宫一个官职，但他再三拜谢：“臣以平庸之才，早已超过了本分，守此一职，犹惧不能胜任，岂能再添东宫的官职，以速遭时谤。臣请一心侍奉陛下，不愿再希望东宫的恩惠。”唐太宗见此便作罢，但命他每隔五日去东宫一次。

贞观三年，唐太宗在他曾亲自征战的地方修建佛寺，命令岑文本、虞世南等人撰写这七寺碑文。对于建寺的动机，现主流观点是，战乱虽平，但要祭奠战争中丧生的亡灵。其中，岑文本撰写了罗云、法恭等墓碑和法轮禅寺的碑文。因其能自如运用佛教用语，使撰文锦上添花，确实为统治者发挥了宣传新政权正统性的作用。

贞观十八年，岑文本被任命为中书令。普通人升官则喜，他却面带忧色。母亲看他这样，倍感奇怪，问其何故，他说：“非勋非旧，过度承受宠荣，责重位高，所以忧惧。”亲朋好友听说他升了官，都前来庆贺，他却说：“今受吊，不受贺。”有人劝他多置些田产，他叹道：“我本南方一平民，徒步人关，往日的希望，不过秘书郎、一县令罢了。而无汗马之劳，只因文墨致位中书令，这也到了极点了。承受俸禄之重，使我恐惧已经很多了，怎么还能再谈置买田产呢？”

唐太宗将伐辽东，所有的谋划，都委托岑文本办理。贞观十九年，岑文本从太宗征辽东，因其“受委既深，神情顿竭，言辞举措，颇异于平常”。唐太宗见了十分担心，对左右说：“文本今与我同行，恐不能与我一同返回。”及至幽州（今北京市），得了暴病，太宗亲自前往探视，流着眼泪安抚他。不久岑文本病卒，享年五十一岁，赠侍中、广州都督，谥号为宪，陪葬昭陵。

（三）中唐谋士李泌

李泌（722 年—789 年），字长源，生于京兆府（今陕西西安）。唐中期著名政治家、谋臣、学者。李泌侍奉了四任皇帝，从玄宗到德宗时先后被杨国忠、李辅国、元载等政要提防。但由于他淡泊名利的隐逸之风，遇事后总采取以退为进的方法，因而多次实现了政治性复活。李泌出身辽东李氏，自幼聪颖，深得唐玄宗赏识，令其待诏翰林，为东宫属官。在安史之乱、肃宗灵武即位之时，李泌就对国家命运作出了正确的预测：叛军猖獗不会持久。李泌受命于危难之际，当唐肃宗召李泌参谋军事时，他殚精竭虑地思考平定叛乱的战略方针，针对当时的情势定出一套围剿的计划。首先，李泌断定安禄山、史思明等人是一群没有宗旨的乌合之众，目的只在抢劫。因此，他结合朝廷当时已经错失平叛良机的现实情况，拟定平叛战略方案，使李光弼守太原，出井陉；郭子仪取冯翊，入河东，隔断盗魁四将，不敢南移一步。又密令郭子仪开放华阴一角，让叛军能通关中，使他们北守范阳，西救长安，奔命数千里，劳损其精兵。而唐军常以逸待劳，剪除其弱卒。再将各路兵马齐聚扶风，与朔方军共同平叛。并命建宁王李倓为范阳节度大使，与李光弼互为犄角，以攻取范阳。叛军失去根据地，必将身死于河南诸将之手。这便是李泌的“挫其锐、解其纷”的战略运用。现在看来，李泌的战略主旨就是以时间来换取空间，不失为一个稳妥持重、可行有效的统一方略。表面上看起来，唐军收复平叛时间较长，但是这样以逸待劳，可以彻底解决叛乱问题。遗憾的是，当时唐肃宗并未完全采纳这个战略布局，期望于短时间内取胜，结果恰恰适得其反，平叛战争持续了八年。当然，这一结果也从反面证实了李泌战略的合理性和科学性。

李泌入朝议论国事，从制书文诰到将相升迁，无所不预，史称其“权逾宰相”。唐德宗时入朝拜相，参与内政、外交、军事、财政等方面的筹划，对内勤修军政、调和将相，对外联结回纥、大食等国遏制吐蕃，达成贞元之盟，使边陲安定，在相当程度上保证了贞元时期唐帝国的稳定。李泌累官至中书侍郎、同平章事，封邺县侯，世称李邺侯。贞元五年（789 年），李泌去世，终年 68 岁。获赠太子太傅。

（四）军旅诗人岑参

岑参（718 年？—769 年？），荆州江陵（今湖北省江陵县）人或南阳棘阳（今河南省南阳市）人，唐代诗人，与高适并称“高岑”。岑参出生于官僚世家，年少时父亲过世，在哥哥的抚养教导下苦读诗书，打下了深厚的学业基础。唐天宝三年（744 年），他考中进士，被授予九品衔右内率府兵曹参军。唐天宝八年（749 年），他冒着冬日严寒赶往龟兹（今库车），担任安西节度使高仙芝幕府从八品掌书记。唐天宝十年（751 年）回长安。唐天宝十三年（754 年），再度出塞，担任兼北庭节度使封常清幕府节度判官。安史之乱后，他奉命东归勤王，历任中书省右补阙、起居舍人、虢州（今河南西部）长史、太子中允、嘉州（今四川乐山）刺史等职务。因他曾任嘉州刺史，故世称“岑嘉州”。约大历四年（769 年）秋冬之际，岑参卒于成都，享年 51 岁。

岑参工诗，长于七言歌行，代表作是《白雪歌送武判官归京》。现流传的诗篇有 360 首。由于有边塞任职经历，他对边塞风光、军营生活、驻地风俗等感触颇多，写下的边塞诗一直被世人称道。他的边塞诗记录了他担任军队文职的心路变化，记录了当时军旅生活的风貌，打开了世人了解西域社会文化的一扇窗户，是中华诗文化中的瑰宝。

（五）幕府诗人李商隐

李商隐（约 813 年—约 858 年），字义山，号玉溪生，又号樊南生，怀州河内（今河南沁阳）人。晚唐著名诗人，与杜牧合称“小李杜”。他是中国诗歌史上最富有艺术独创性的大诗人之一，同时也是一位骈文大家。李商隐幼年时便随父李嗣赴浙幕。从宪宗元和十年（815 年）至穆宗长庆元年（821 年），李商隐有六年的时光是在浙幕度过的。9 岁时父亲卒于浙任，李商隐这才离开浙幕，奉丧侍母归郑州。17 岁时受令狐楚聘，入天平军节度使为巡官，直到 21 岁赴京应举始离令狐楚幕府。25 岁中举，26 岁入泾原节度使王茂元幕府，27 岁曾短暂任秘书省校书郎，调弘农尉。29 岁又入周墀的华州幕府，30 岁居忠武军节度使王茂元幕府，期间守母丧，至 35 岁应郑亚辟，入桂管观察使幕。37 岁应卢弘辟，入武宁军节度使幕府，在卢幕直至 39 岁，又应辟入柳仲郢东川节度使幕府。在这里过了五年，到 44 岁归长安为盐铁推官，两年后病逝于郑州。在这不算太长的 46 年的人生里，李商隐在幕府中就度过了 22 年的时间，先后被授予巡官、掌书记等要职。

五、述评

隋唐军事制度的变革具有很强的延续性，受到当时经济和政治变革的影响，其主要体现在从府兵制到募兵制的转变。府兵制可以说是隋唐时期最具特色的军事制度，这个制度也带来了丰富的文职岗位，为隋唐军队的强大提供了不竭动力。从数量看，当时文职人员在军队中的比例相当高，存在大量文职岗位来保障作战任务。这种借用地方人才资源的举措，使相当数量的文人具有了军事标签，增强了军队人才队伍力量，使得军队组织更为专业化，从而集中优势人力资源用于直接作战和防卫。比如，行军幕僚、使府文职僚佐虽然不能算是在隋唐才出现，但却是在隋唐时期获得发展并发挥了重要作用，对于当时的军队建设和发展贡献了重要力量。

第五章

辽宋夏金元时期文职人员制度

一、历史背景

10 世纪到 13 世纪，中原王朝先后经历了辽、宋、西夏、金、元等政权对峙与消长的历史时期。这一时期各主要政权的共同特征是建立并维系一支强大的军队，反映在军事体制上总体呈现出两个主要特点：一是承袭五代时期的军事体制。如设置中央常备军，既可以震慑地方割据势力，又可以方便机动作战。辽朝有中央宿卫军、宋朝有中央禁军、西夏有中央侍卫军和擒生军等。在地方实行分区管理，进一步弱化地方军权与事权，如将地方军队中的精壮男子抽调编入中央常备军，这些措施有效地强化了中央集权。二是积极革新原有军事体制的弊端，优化作战指挥体系，更新武器装备和改进后勤组织方式。如金朝（1115 年）建立后，为适应战争需要，积极仿照辽、宋军制，改勃极烈统兵为元帅府统兵。从金熙宗（1135—1149 年在位）即位后彻底废除原有的勃极烈制度设置都元帅府为最高军事机构，到海陵王（1156 年）时期废除都元帅府仿宋朝制度设置枢密院，由朝廷任命枢密使、副使，尚书省与枢密院分掌政、军，枢密院受尚书省节制，尚书省直接听命于皇帝，金朝兵制在革新中完成了重塑。

（一）辽宋夏金元军制沿革

1. 辽朝“夷离堇”

辽朝是由契丹民族建立的少数民族政权。916 年，契丹贵族耶律阿保机称帝，建立契丹国，对外奉行积极扩张的战略，迅速控制了北方大部分地区。927 年，其子耶律德光继位后继续派兵南侵，于 946 年灭后晋，次年耶律德光改国号为大辽。辽先后与后周、北宋及西夏对峙。辽朝建立以后，在吸收五代时期军事制度基础上，参考北宋军制制度，建立了具有辽朝特色的军制。这种军制与宋朝的文武区分严格、崇文抑武迥然不同，辽朝不论文官还是武官都可以成为统兵官。这些统兵官中有很多林牙，类似于宋朝的“翰林学士”，虽属文官序列，但他们与武官一样经常带兵出征。这种文武区分不严格的情况，是吸收汉唐时期军制与北宋军制的重要体现。

辽朝以武立国，皇帝是国家军政的最高决策者，也是最高的军事统帅。辽国建国前长期处于氏族部落阶段，军政皆出自于遥辇氏部落联盟，联盟主要由迭剌、乙室、品、楮特、乌隗、突吕不、涅槃、突举八个部分组成。八个部分又分属“北府”“南府”两大集团。北府主要以迭剌部为主，南府主要以乙室部为主。各部均设军事首领，各自统帅军队作战，首领称为“夷离堇”，是各部军事最高统帅。部落联盟后期，出现了地位仅次于部落联盟可汗的新职务“于越”，史书记载：“于越”可“总知军国事”。“于越”逐渐成为了联盟的军事权力的掌握者，不仅如此，原有的夷离堇要听从于越的指挥。唐哀宗天佑四年（907 年），耶律阿保机凭借“于越”兼迭剌夷离堇的身份被推举为部落联盟可汗，取代了遥辇氏部落的统治。按照当时的部落约定，部落可汗有任期限制（三年一选），但耶律阿保机偏偏羡慕汉人皇帝的终身制，当再次改选的时候他不愿意让出汗位，而且为更有效的控制各部，耶律阿保机一方面通过发动内部部落兼并战争杀死异见者，另一方面大刀阔斧改革原有的部落军制，如在北府、南府中分设宰相，掌管各府军民政务，将各夷离堇分隶属于宰相之下。耶律阿保机称帝建国后，又册封北府迭剌部夷离堇为“于越”，且位在两府宰相之上，进一步降低了其他夷离堇的地位，但此时册封的于越仅为尊官，已失去了原来“于越”掌管军政的实权，这样就使得各部落夷离堇的权力逐步集中到了皇帝手中。在地方上，辽太祖时期改革“夷离堇”（部落首领）设置，将全国划分为几大边防军区，设置军政机构，统辖和驾驭本军区所有少数民族驻军与汉族驻军，进一步加强中央对于地方的控制。

辽朝枢密院的设置主要借鉴后晋时期的军事制度。947 年，辽灭后晋，在中央设立枢密使，枢密使的职责主要是掌管占领区域汉人兵马的战备工作。耶律德光继位后，安排亲信执掌北枢密院使主要掌管契丹兵马，安排后晋降臣为南枢密院使掌管“汉军”事务，由此建立起了北、南枢密院分掌契丹、汉人军政的两面官制度。南、北枢密院的设置，取代了原有的以皇室成员为天下兵马大元帅主掌全国军政的制度，逐渐形成了一套比较严密的统军制度。从形式上来看，北、南枢密院同为管理军政的最高机构，但实际上南枢密院的地位低于北枢密院。北枢密院真正掌握着全国的军权，而南枢密院只负责督率汉军征战戍守。从辽世宗时期开始，辽朝在北、南院和各部节度使司下陆续设立了详稳司，直接隶属于枢密院。为了控制边防，又先后设置了招讨司（统军司）。自辽世宗以后，辽朝基本实行了枢密院、两府、招讨司（统军司）并行的军事体制。在辽朝，枢密院是最高军事、行政机构，事无不统，这与五代时期的枢密院掌握军机、军政、指挥调动军旅的机构设置一脉相承。与宋朝名目繁多的军职相比，总体上军制名目相对单一，辽朝最早只设置了枢密使和副使，后才逐渐形成了枢密副使、参知政事、同知枢密院事。

辽朝的军队大致上可分为契丹军、汉军。契丹军以契丹族为核心，以原北府、南府宰相统管的部落军队为主，驻扎在朝廷的腹心地带，两府军各号称 40 万人，战力最强。汉军主要由各州县征集的汉族、渤海族壮丁组成，还包括从五代各王朝和宋朝招收的降军。汉军一部分隶属于各州节度使司之下，一部分被编入中央禁军。中央禁军主要是从契丹军、汉军中择取精锐士兵组成，其职责是扈卫皇帝、诸后宫和守卫各京城。汉军的编制大致参照五代时期的军制，大多设指挥（营），每个指挥的兵力从两百到千人不等，指挥之下设置都头等管军职务。辽朝主要实行征兵制度，使得兵员较为稳定。但所征得兵员，不论是契丹部族军人还是州县汉军士兵，都要求自备武器装备，除了军人自备军需物资之外，辽朝也组织大量工匠生产弓箭甲胄和攻城器具，并设置军器坊和甲坊等机构，专门管理武器装备的生产，并设置有武库存储器甲，以备不时之需。为了保障军队的作战能力，辽朝经常举行大规模的田猎，以对军队进行训练，皇帝有时也亲自观看军队演习炮射击刺等活动。

2. 宋代“枢密院”

960年，后周大将赵匡胤发动“陈桥兵变”代周自立，改国号为宋，史称北宋。1127年（北宋靖康二年）北宋亡于金国，同年，康王赵构即帝位于南京（今河南商丘），史称南宋。1279年南宋被元所灭。宋代是上承五代十国下启元朝的中原政权，先后经历了三百多年。北宋的建立，结束了五代十国的纷争局面，重建了汉族分封的大一统的中原政权。宋太祖在建立统一的专制主义中央政权后，吸取唐末藩镇割据武将专权的教训，实行“中央集权”“地方分权”“抑制将权”“以文制武”等方略，南宋统治者基本沿袭了北宋的基本制度，建立了具有宋代特色的军事体制，进一步强化了中央集权。

宋太祖赵匡胤曾担任后周将军、归德军节度使、殿前都点检等职务，960年他趁周世宗柴荣去世之际，发动兵变建立了宋朝。他深知自中唐“安史之乱”以来藩镇割据、王朝频繁更迭的根本原因是悍将权臣手握重兵，尾大不掉经常抗拒王室，甚至篡权弑主。为了使统治长治久安，他吸取唐末五代以来藩镇割据、祸结兵连的教训，按照皇帝集权、臣属分权，中央集权、地方分权，以文制武的原则，实施了一系列政治军事改革。“杯酒释兵权”收回了高级将领的兵权，收夺各地节度使的权力，解除私人武装；设置枢密院掌管全国军政，三衙统领禁兵，使握兵权和发兵权分离，把全国军权高度集中于皇帝手中；通过提高文官地位，改用文官充任中央和地方的武职，实行以文制武，削弱武将拥兵自重对于政权的威胁。史载，太宗雍熙四年（987年）正式下诏：“文臣中有武略知兵者，许换秩（官职）。”根据诏书的意图，将没有造反能力的士大夫放在将帅等武职官员之上，甚至在与辽、西夏接壤的沿边地区，任命文官担任安抚使，而以武将担任安抚副使。纵观宋朝军制改革，其改革的核心是加强皇帝对军权的控制，削弱将帅的兵权。通过系列举措，将中央和地方的一切权力收归皇帝一人，进一步加强中央专制主义集权统治，扭转了“外重内轻”的局面。

宋朝在中央承袭五代在中央设置了枢密院，成为主管军政的最高领导机关，直属皇帝直接控制。史载，枢密院“掌军国机务、兵防、边备、戎马之政令，出纳密令，以佐邦治。凡侍卫诸班直、内外禁兵招募、阅试、迁补、屯戍、赏罚之事，皆掌之”。枢密院作为军事行政机关“佐天子执兵政”，虽职权范围很大，但并不直接统帅军队，只负责掌管兵籍、虎符。统领禁军和厢军等事务另归“殿前都指挥司、侍卫马军司和侍卫步军司”三衙负责，凡是由重大军事行动，皇帝临时指派率臣（将帅）出征“置总管、钤辖、都监、监押为将帅之官”，“事解辄罢”。

枢密院、三衙、率臣三者之间没有隶属关系，是各自独立、相互平行关系。实行这种军事指挥体制，目的就是通过军队管理权力的拆解起到互相制约的作用，最终使军队的建置、调动和指挥大权都集中到皇帝一人之身，这种相互制约的军事领导体制，是宋朝“重文轻武”“以文制武”统治思想原则的集中体现。枢密院的长官按惯例多选用文臣来担任，偶尔任用武臣还会遭到有违“祖宗遗训”的非议。北宋初年，部署、钤辖、都监等武职均专用武将。而到了宋太宗淳化五年（994 年）时，为镇压四川起义，特命参知政事出任川、峡两路都部署（总管），节制当地所有的统兵宦官和武将，由此开创了文臣充任各地统兵将领的先河。宋真宗咸平五年（1002 年）以后，各地的经略使、安抚使、经略安抚使等文臣逐渐成为了统兵官，而部署（总管）、钤辖、都监等武将成为了统兵文臣的部将。北宋时期，安抚使、经略使不仅兼任某州府的民政长官，还兼本路马步军都总管的官衔，也称“帅守”，至此地方文官兼任统兵官成为了宋代定制。到了宋神宗时期颁布《将兵法》后，部署（总管）、钤辖等武官的地位进一步降低，到了北宋末期，这些部署（总管）、钤辖等武官职位多成了虚衔和闲职。

地方上，宋朝重用文臣以经略使、安抚使等为名目，统辖、驻泊及屯驻的禁兵，这实际上是中央枢密院统辖三衙的延伸，是以文制武、防止武将拥兵自重军事思想的具体表现。南宋大体沿用北宋的军事制度，但为了适应对金作战的需要，对北宋以来的军制进行了某些调整，虽然如此，南宋依旧坚持“守内虚外”的基本国策，放任“守内虚外”政策对其军事制度存在的自我削弱弊端，这也导致其在与金朝军队、蒙古（元）军队的战斗中经常败下阵来。宋朝沿袭中唐以来的募兵制，无论是北宋的禁兵，还是南宋的屯驻大军，大都以招募为主。宋代的武装力量主要由禁兵、厢兵、乡兵、番兵，此外还有土兵、弓手等治安部队，其中禁兵是武装力量的主要组成部分。宋代禁兵的规模十分庞大，根源在于宋太祖赵匡胤时期确立的“唯养兵可为百代之利”的训诫，后继者无不把“养兵”作为基本国策，不断扩充禁兵的名额。北宋禁兵由中央直接统治管辖，属于常备军驻守京师，并定期在全国范围内调动。禁兵的主要职责是保卫京城、戍守边境、对敌作战，对内镇压人民反抗。北宋禁兵原则上分为步军和马军，以步军为主，水军和炮兵附属于步军。宋军长期沿用以步兵为主的传统战法，所以马军、炮兵和水兵数量极少，在与辽、西夏的军事对峙中由于缺少骑兵，主要大规模使用弓箭作为武器。

南宋的武装力量体制，大体沿袭北宋，但禁兵已不居主要地位。靖康之变以后，淮河以北沿线成为一线战场，驻扎于此的屯驻大兵取代禁军成为南宋武装力量的主体。屯驻大军始于南宋立国，当时北方禁军基本瓦解。面对金军的严重威胁，南宋统治者重新编组形成了新的武装力量——屯驻大军，以取代原来的禁军。最初的屯驻大兵分为御营军、东京留守司军和陕西军三支大军，主要由抗金将帅统帅，驻扎在前线。南宋驻屯大军以步军为主，也有少量马军。南宋偏安东南，加之金朝和元朝的威胁，江淮成为双方争夺的焦点，因此南宋较之于北宋更加注重水军的建设，水军规模也大于北宋。自孝宗以后，为了防御金军的南侵，南宋沿江、沿海陆续设置了鄂州水军、兴国军御前防江水军、江州水军、建康府靖安唐湾水军等20余支水军。

两宋时期对军制研究成果较为丰硕。一是始创“兵志”体裁并将其纳入史书的编撰之中。后世元代史官将宋代各朝纪传体国史中的《兵志》合并改写成了《宋史·兵志》，成为了二十四史中卷帙最大的《兵志》。《兵志》中记载汇总了宋代军政机构的设置、变化以及当时的军事思想，成为后人研究唐宋军制的重要参考资料。二是有关军制的军事专著出现，如南宋时《枢廷备检》《历代兵制》《补汉兵制》等相继问世，填补了宋朝以前无军制专著的历史空白，对我国军制史研究发展具有重要意义。

3. 西夏“枢密院”

西夏是由党项贵族在北宋时期于中国西北部建立的少数民族政权，自称邦泥定国或大白高国、西朝。控制范围大致位于今天宁夏回族自治区、甘肃省、青海省东北部和内蒙古自治区西部地区，因其在北宋西方，宋人将其称为西夏。西夏建国之前，党项族拓跋氏首领以中原王朝授封的定难军节度使和夏国主、平西王等身份实行区域管辖统治。早在宋仁宗明道二年（1033 年）开始，已经承袭西王位的元昊为建立西夏国就开始积极准备，他摹仿宋朝制度建立西夏官制，设立了掌管政务的中书、掌管军政的枢密、掌管财务的三司，以及掌管监察的御史台等机构，废除了原来的节度使统军制度。同时，在其管辖区域还仿照宋朝地方机构设置，设立监军司分掌军队，监军司隶属于中央枢密院。从总体上看，西夏军事制度在采用宋代军制的基础上，又结合党项部落兵制，形成的比宋制更为简单实用的统兵体制。

西夏建国前一直采用部落兵制度，一家为一帐，小族数百帐，大族千余帐，以部族为单位随军出征。西夏立国后，在沿用原来部族组织形式的同时，仿照宋代建立了一套中央统治机构，逐步确立了中央以枢密院为最高军事领导机关、地方以监军司分统军队的军事领导体制。枢密院是西夏最高的军事统御机构，总理全国的军事事务。枢密院下设诸司为二级统军机构，为了便于中央对地方部落兵的管理和调遣，在地方建立了监军司制度为三级统军机构。宋仁宗景佑四年（1037 年），元昊在占领区设置了 18 个监军司，监军司的职责是掌管地方军队，非战时监军司督率属下的军队驻守边防要地，战时率领军队参与作战。到了西夏中后期形成了枢密院为最高司，经略司次之，然后是正统司、统军司、殿前司等的军事领导体制。

西夏军队由中央侍卫军、擒生军和地方军三部分组成，中央侍卫军装备精良、训练有素，其主要职责是保卫皇帝安全，加强对各部落的控制。擒生军是西夏军的精锐部队，主要承担攻坚和机动作战任务，是其武装力量中战斗力最强悍的一支军队。地方军也就是由各监军司所管辖的镇戍部队，其主要职责是驻防边境，以抵御来自多个不同区域的袭击。西夏军队主要有骑兵和步兵两种，此外还有少量炮兵作为副军，副军兼具后勤兵的性质。从整体上看，西夏军队后勤补给稀缺，只有军官能获得少量武器装备，作战时士兵均需要自备弓矢甲胄装备以及作战粮饷。西夏军队主要通过大量掠夺地方物资以解决粮饷问题，为此，军队出征时，配有“擒生”队伍，专门负责掳掠人口及财物，此外，还配有“负赡”跟从出征服役，以保证正军的后勤供应。为了补充武器装备的不足，西夏设立了专门的武器装备生产机构——铁工院，召集工匠制造弓弩、攻城炮具以及刀、枪、箭、甲等武器，但国家制造的兵器装备数量少，仅能满足部分军官和装备缺乏的正军的部分需求。

4. 金朝“中央辅政勃极烈制”

金朝是辽宋时期由女真族在中国北方和东北地区建立的少数民族政权。西与西夏、蒙古（元）等接壤，南与南宋对峙。金朝建立以后多次南下攻击宋朝，在灭辽破宋之后，很快成为了雄踞东亚的强大军事帝国。由于女真族是以渔猎为生的氏族部落，且长期处于辽朝统治者的剥削压迫之下，生产力十分落后。但在与辽、宋的战争过程中，大量吸收辽、宋先进生产方式的同时逐步废除了原有的奴隶制，女真族的社会生产力得到了飞速发展。同时，女真族中央军事机构实现了从部落色彩浓厚的中央勃极烈制到元帅府、枢密院、兵部、统军司、行枢密院等的演变，金朝军制演变实际上是女真族不断吸收辽、宋先进文明，逐步实现少数民族封建化的一个侧面。

金朝以武立国，金朝建国前沿袭了中央辅政勃极烈制，类似于部落议事会组织来处理军国大事。凡是参与辅政的要员，在勃极烈的头衔上再冠之以更多的名号以示特殊的尊贵地位，汉语将中央辅政勃极烈成员往往译为国相或宰相。随着占地领域的扩大，特别是为适应辽、宋战争的需要，金朝仿辽制在中央开始设立专门的军事机构——都元帅府，都元帅大约出现在金太宗天会三年（1125 年）前后。最初都元帅仅是一个虚衔，统兵大将往往另有其人，但后来随着右勃极烈尊翰兼任都元帅人选，而各路都统都在都元帅指挥下率军作战，都元帅逐步取代了勃极烈制。天会十四年（1136 年），金熙宗改革中央官制，废除勃极烈制度，仿辽、宋制度，在中央设尚书、中书、门下三省，中央仍设置都元帅为最高军事机关。皇统八年（1148 年）之后，金朝政局激烈动荡，政变不断，直到天德二年（1150 年）完颜亮政变成功之后，下令废除都元帅府，最终改设枢密院作为最高军事机构。

在地方上，逐步形成了北方三个招讨司和南方三个统军司的军区部署格局。金太祖时期，地方军事机构的设置和划分并无定制，军府的名称也不统一，或称为军帅司、都统司、统军司等。这些军府的设置是根据地区军事需要而变化的，比如，当时东部的高丽对于金朝的威胁减弱，东部各统军司的地位逐渐降低或并或废，而与蒙古等北方少数民族接壤的西北、西南路招讨司的地位则不断提高。金世宗继位之初，仍在南方保留陕西、河南、山东三统军司的体制，北方亦保持了三招讨司的局面。此外，招讨司之外还建立了总管府，作为兼管军民政务的机构。为了抵御蒙古军的攻击，金朝在地方上设置了数量众多的行枢密院，并将行省也升格成了高级军区。在金朝后期的各类军区中，行尚书省和行枢密院属于某地区级别最高者，行尚书省总揽一个地区的军政大权，元朝的行中书省不仅影响了明清行省设置，也成为了现代行政区划中省的最早来源之一。

金朝的武装力量构成比较复杂，大致可分为以护驾军、从驾军、侍卫亲军、武卫军、威捷军、镇防军组成的正规军以及由射粮军、牢城军、土兵、弓手、保甲等组成的非正规军。金军的组织编制大致可分为：一是沿用女真族的猛安、谋克等六级编制，正规军普遍采用猛安、谋克等六级组织编制，又按照军队的性质、人物、兵种、作战时的配置等差别冠以各种名目，如有“合札猛安”“合札谋克”等等称谓。二是仿宋军编制对军队进行有效管辖。如，对射粮军的管辖，将射粮军每五百人编为一指挥使司，设指挥使，分四郡，设左、右什将及成局、押官。金朝建国后，不仅向宋朝学习军事制度，而且在武器装备方面也积极向宋朝学习。金军以骑兵为主，但在骑兵之外发展了炮兵。到了金朝末年，出现了炮军万户、炮军总帅等官衔。炮兵的主要任务是攻击防守严密的坚固城池。随着战争的不断扩大，金朝在作战中不断改善武器装备，在抗击元朝战争中创造出了新型兵器金属炮——震天雷和飞火枪，这些武器和装备发展，对于巩固和提高金军的战斗力发挥了重要作用。

5. 元代“枢密院”

元代军制最早源自成吉思汗统治时期确立的以忽里台为核心的商决军国大计基本体制，忽里台是由蒙古贵族参加的聚会，一般在春季举行，召开忽里台大会就可以聚合蒙古宗王、千户那颜和朝内大臣对征伐事宜进行商决。忽里台体制经元太宗窝阔台和元宪宗蒙哥汗的补充和调整，逐渐被以枢密院为核心商讨军政大事的制度所取代。元朝军制受到金朝军制的影响较大，在蒙金交战期间，蒙古一方的将领大多采用了金军的都元帅、元帅左监军、元帅右监军、左副元帅、右副元帅等官名，并且元代中央禁军和枢密院的设立也是借鉴了金朝的做法。

早期蒙古统治者较成功地解决了军权的高度集中与适当分散的问题，蒙古军按照十进制编组千户作为基本军事单位，确定了各级军官的名称，如千户长“敏罕那颜”、百户长“札温那颜”、五十夫长“塔宾那颜”、十夫长“阿尔班那颜”等，经过统一编组的蒙古千户，被分编为蒙古左、右两翼大军。两翼军各设万户长（土绵那颜）一名，掌管本翼所属千户的军队。左右翼万户长下，各有蒙古大汗指定一名千户长作为副手，协助万户长处理军务。出征时，蒙古大汗亲征，分军行动，大汗指定一名蒙古宗王或万户长、千户长作为军队的最高指挥官。受命者有权节制参战的其他宗王和各千户长官，并按照需要指定本路军队分师的指挥官。在这样的安排下，诸王和万户、千户等各级将领，都听从大汗的调遣，蒙古大汗具有操控所有军队的权力。这种全国军政高度集中于大汗、各地指挥官也具有较高的统军权力的做法，比起南宋王朝的中央以文制武、发兵权与握兵权分立，出征、镇戍军“兵无常将，将无常师”，显得优越得多，因此在蒙古扩张、元朝统一过程中，这一军制在其中发挥了重要作用。但随着战争的继续，这一军制之下裂土分民的传统，使蒙古诸王各自为政的弊病也愈发明显，大汗的集权受到了严重干扰，甚至影响到了汗位继承与政权统一。

公元1260年，蒙古第五代大汗忽必烈继位。为加强军事集权，他一改早期蒙古军两翼、由万户长而下一统到底的军事领导体制，在朝廷设立枢密院掌管全国军政，并将一般军队调动、小规模平叛战争和边防镇戍的调整等事务权限收归枢密院所有，蒙古诸千户直接由枢密院节制调遣。皇帝通过枢密院可随时将全国的军情和军务处置情况直接掌握。遇到有大的军事决策时，枢密院首先商定计划，必要时还要按照皇帝的旨意，征求朝臣和地方统兵官的意见，方案最终由皇帝定议。地方上，元代制定了全国军事镇戍体系，在大都和上都附近屯驻三十万侍卫亲军，作为整合军事组织的核心力量；在地方各区域，设置宣慰使司都元帅府、镇守万户府、千户所等军事机构，镇戍咽喉要塞区域。元后期，为了应对农民起义，在军事上重启行枢密院掌军征进制度，陆续增设河南行枢密院、淮南行院、江浙行院、陕西行院、山东行院、河北行院、福建江西等行枢密院，便于节制从各省调来的军队。此时的行枢密院大多作为临时性指挥机构存在，战事一旦结束则撤销。

忽必烈时期，蒙古政权的统治重心由漠北草原转移到中原汉地，原来的军队组织既难以达到高度集权的军政统一，又难以控制江南地区，为了适应新情况需要，不得不对原有的武装力量体系进行改革，确立了中央宿卫军队和地方镇戍军队两大组织系统，元朝后继统治者基本沿用了这两大组织系统的统军管军方式。从蒙古建国初期的清一色骑兵，没有其他军种，直到招降汉军之后才有了步兵和炮军，到元廷征讨南宋时又新增了水军，当元朝完成统一全国时，军队的兵种更加丰富。为了对新增军种进行有效管理，元廷设置了炮水手元帅府、水军元帅府、水军万户侯等机构分管炮军和水军。元代炮军、水军的划分依据主要是根据士兵所使用的武器和作战工具，炮军主要使用火油筒及火球等火器，主要用来攻坚，在1274年和1281年蒙古两次对日本作战时，均使用过铁火炮，其类似于今天的金属炸弹。

（二）辽宋夏金元时期文职岗位发展的原因

首先，文职人员岗位的出现是军事制度革新发展的必然。辽宋夏金元时期是民族政权并立、民族关系发展的时期，各政权着眼于服务战争、巩固统治，持续对已有的军事制度进行革新，在实现内部权力进行再分配的同时，不断优化军队指挥作战体制，推动武器装备更新和后勤保障制度的完善。这一时期，由周边少数民族建立的政权将原有的游牧民族军事组织制度与同一时期中原王朝行之有效的军事制度融为一体，将具有少数民族特色的军队编制与作战训练方法推广到占领区域，并积极吸取中原军制传统建立了专门军事指挥机构、设置中央禁军、开辟军事屯田、实行征兵制度等，进一步丰富了军事制度的内涵，也巩固了政权根基。随着军事机构的变动，直接参与军事管理及后勤工作的非战斗人员日益增多，军队管理的精细化和制度化与日俱增，这也成为了军队文职岗位产生与发展的重要原因。

其次，文职人员岗位的发展是服务大规模军事行动需要的必然。各政权着眼于战争规模的扩大，在兵器、马政、传驿等后勤方面进行了较大规模的集中管理，设置了专事军器管理、马匹保障、通信传递、粮秣军费的后勤机构，安排专人专司专职，形成了较为完备的后勤保障制度，进而保证了军事行动的顺利进行。特别是这一时期战事频繁，军队对于马匹的需求十分旺盛，为武装更多的骑兵以及满足后勤运输军备物资、驿站、战车等需要，各政权对养马业尤为重视。如辽朝专设有管理国家群牧和养马的机构和官职，辽太宗时任命契丹贵族为群牧官，使得辽朝的群牧制度日趋完备。辽朝在北面官中专设有管理皇家牧群的机构，叫某路群牧使司，官职有群牧太保、侍中、敞史、都林牙等官职。群牧使司下有某群牧司，官职有群牧使、副使等官员。管理群牧的地方，如西路群牧使司、浑河北马群司、漠南马群司、漠北滑水马群司等，规模都很大。这一时期各政权统治者都在不遗余力加强骑兵，千方百计来解决军马补充问题，除了专设组织和官职，还针对马匹繁殖好与坏、马匹交易设置了严格的赏罚制度，如宋朝的《护马法》和《保马法》等，目的是最大限度保障马匹供应于战事和国家需用。

再次，两宋时期科技、经济发展为文职人员岗位发展奠定了重要的物质基础。两宋时期虽然面临着南北分裂、北方战火频仍的不利局面，但传统的自然经济和小农经济依旧继续发展，突出表现在江南地区工商业的发达，时谚有云："国家根本，仰给东南"，"丝、棉纺织业，造纸业中心及对外贸易港口多集中在南方"，江南地区素有"苏湖熟，天下足"的美誉。辽宋夏金元时期，手工业、冶炼技术以及火药技术也取得了巨大的进步，中国已经进入冷兵器与火药兵器并用的时代。火药早在唐末五代时期就已经应用于军事，但宋朝首先掌握了火药制造技术并长期对外严格保密。至晚到辽道宗时，辽朝逐步掌握了火药制作技术。金朝制造火药的技术来自于辽朝，受制于制造工艺，最初的火药兵器并非管状火器因而威力并不大，直到火药的爆炸火器出现，使得火药兵器与传统的燃烧性火器完全划清了界限。作为少数民族建立的区域政权，辽、西夏、金建立初期的武器装备以传统的自备弓马刀等冷兵器为主，但随着对中原和江南文化的吸收学习，也逐步学会了制作火药兵器。火药兵器在金末及南宋后期开始在军队中大量生产和使用，其中威力最大的属爆炸铁火球，这种武器即通过用爆炸后产生的碎铁片来杀伤敌人。管形射击火器在宋代开始出现，标志着宋代兵器水平的一次重大飞跃。为了适应大规模的军事行动，各政权非常重视火器的生产与运用，如火炮、火箭、震天雷等热兵器开始在攻城克坚方面崭露头角，与此同时，大量从事武器生产而不直接参与军事行动的非战斗人员进入到军队，为了适应这一新变化，统治者又专门设置了专门机构进行管理。两宋统治者非常重视火器生产。北宋时期，在京师开封府设置了广备攻城作（后归军器监）专门制造攻城器械。南宋时，一些军事重镇大体设有火药制造作坊。宋代是中国火药兵器发展的重要阶段，火药广泛应用于武器中，出现了很多火器新类型。宋代的火器种类可分为燃烧器、爆炸器和管型器等多种类型。据《武经总要》记载，有一种“烟球”，它“用火药三斤，外缚黄蒿”，还有一种“毒药烟球”，它“重五斤”，“其气熏人后，则口鼻出血”，用炮发射，是一种防御武器。据史载，1259 年，蒙哥大汗（也就是元宪宗）被坚守钓鱼城的南宋主将王坚与副将张珏用大炮击伤后医治无效死亡，蒙哥之死导致蒙古帝国陷入内讧，蒙古西征节奏被打乱，蒙古贵族陷入汗位之争中，这一炮击打乱蒙古西征的节奏以及对宋军事战略重心的转移，可谓影响深远。

最后，统治者出于强化中央集权的需要是文职人员岗位发展的直接动力。这一时期的统治者重视吸取五代十国藩镇割据、武将专权的历史教训，启用大量文臣参与到军事作战指挥体系中，这些举措为维护政治统治发挥了重要的作用，大量不直接参与战争的非战斗岗位的作用和地位日益凸显。宋太祖赵匡胤为巩固皇权，在军队建设上秉持“以文制武”的军事领导原则，引入文臣参与军事，以制衡武将权力。通过收回高级将领的军权，任命文官充任枢密院等军事要职，甚至临时委任文臣为将带兵出征，进一步弱化武将的权力。宋高宗时期，金宋之间战事不断，宋高宗委派文官虞允文以参谋军事的身份前往前线慰问军队，并临危任命他指挥三军大破完颜亮，成功阻止了金军渡江的企图，使“宋事转危为安”。宋代不仅改用文官充任中央和地方的武职，而且在基层军队中也出现了可以由文士担任的岗位，如北宋军中，文士可通过担任军中效用而升官，有些富户、官员子弟也通过各种手段担任军中效用。南宋时继续沿用北宋效用制度，分为队外效用和不入队效用，这些效用大多由文士来充任。不入队是指非直接参加战斗的人员，约占编制员额的十分之二、三，包括辎重兵、火头军等，属于典型的非战斗文职岗位。如绍兴六年（1136 年），吴玠行营的右护军在四川阆中屯驻 17931 人，其中不入队的使臣有 330 人，不入队效用、军兵就达 5878 人。

（三）辽宋夏金元时期文职岗位发展的规律

辽宋夏金元时期文职岗位的发展是周边少数民族与中原地区经济文化交往频繁、少数民族加速融入中原内地经济文化圈的一项重要成果。这一时期，周边少数民族政权在建立前大多处于原始部落氏族状态，生产生活方式与中原地区相比十分落后，在与中原王朝战争或议和的过程中，一方面依托强大的军事实力大肆掠夺中原地区的人口及财货，威逼中原王朝统治者通商纳贡称臣，获得了大量生产生活资料和手工业技术；另一方面又积极吸收中原地区先进的制度和管理文化，进一步改造其原有的部落文化，纷纷形成了各具特色的两套并行的管理制度。以西夏为例，西夏国具有以党项族为主、蕃汉结合的政权性质，社会经济形态由农奴制逐步向封建制转变的特点，其政权与辽代、金代政权相似，即两种文化（少数民族特色文化、中原汉文化）和两种政治制度（吐蕃官制与中原汉族官制）并存融合的特点，这些政权建立后都纷纷设置了类似于南北院、南北府、南北选等机构，这些机构的设置为实现对新统辖区域的有效统治发挥了重要的作用，同时也衍生出了大量岗位需求。特别是在军事制度方面，西夏政权在建立过程中，一方面强调保持其民族特色，另一方面又积极仿照宋朝制度建立官制，先后建立起了一整套中央

—地方军政机构，如在中央设立枢密院掌管全国军政，设置翊卫司专掌王府宿卫，地方上废除节度使军制，设立监军司分掌军队，隶属于枢密院。到西夏毅宗继位后，开始提倡汉礼，对官制再次进行调整，并增加了一些统军机构。伴随着统军机构的增加，出现了大量专门负责如掌兵籍、军器、城隍、镇戍、厮牧、铺驿、车珞、仪仗、郡邑图志、险阻、障塞及远方归化等事务的辅助性军事机构，大量不直接参加军事行动的非作战人员开始服务军队建设，改变了少数民族单一的军事机构设置和人员组成，加速了少数民族融入中原经济文化圈的进程。

辽宋夏金元时期文职岗位的发展从根本上来看是社会生产力大发展的结果。两宋时期是封建社会生产力大发展时期，特别是经济重心由黄河中下游向长江中下游地区转移，伴随着北方大量人口南迁，南方地区得到了迅速开发。南宋时期开始流传的“苏湖熟，天下足”的谚语，形象地反映了这一时期江南地区社会生产资料的强大供给能力与丰富程度。这些变化反映到宋代军事制度方面，即国家可以负担数量庞大的禁军及地方军士开支；体现在统军机构设置方面，即司职岗位众多、分工更为细化，专司专职非军事行动的人员数量增多。而通过对比同一时期辽、夏、金、元等周边少数民族政权建立前后部队给养变化，可以得出各政权经济实力的变化。少数民族政权在建立初期大多处于原始部落氏族状态，社会生产力和生产工具十分低下，生活生产资料主要靠战争掠夺，供给十分不稳定。到政权相对稳固后，部队后勤有了较大的改善。以金朝为例，金朝建立前，女真族主要是以渔猎为生，经济来源单一，经济基础薄弱，长期受到辽朝统治阶级高压和无度掠夺后，于是被迫举起反抗辽朝统治的大旗。在兴兵伐辽之时，女真人并无军费可言，女真军人也无薪俸之说，军需补给主要靠随时掳掠而得。直到了宋金对峙时期，金朝控制地区趋于稳定，经济供给能力有了稳定的保障，其正规军才逐渐有了军俸制度。

二、特色文职岗位

辽宋夏金元时期是统一的多民族国家形成与发展时期，这一时期战争频发、多个民族政权对立。政权之间有战有和，各政权不仅十分重视在军制上的变革，而且在革新武器装备方面颇有建树，特别是当火枪金属管型火器应用于军队作战之后，一些掌握复杂专业技术知识的人才受到了格外重视，他们不仅作为后勤人员随军行动，承担器械保障、军士训练、翻译书办等非战斗任务，甚至直接服务于军队战役战术谋划、武器装备建设、官兵教育训练等方面的实际需求。

（一）怯薛执事岗

成吉思汗时期规定了严格的扈卫制度，即从各千户中征调精锐士兵作为自己的宿卫军。被征发的都是千户、百户、十户长的子弟以及“白身人”（平民）中有一技之长、身体健壮的人。宿卫军成为“怯薛”，这是蒙古语 Kesig 的音译，其来源于突厥语，意思是轮流值班宿卫。成吉思汗的怯薛分为四番，每番值宿三昼夜，护卫大汗，成为“四怯薛”。每番怯薛都由成吉思汗指定最亲信的将领掌握，成为四怯薛长。最初担任四怯薛长的便是著名的开国功臣“四杰”：博尔忽、博尔术、木华黎、赤老温。成吉思汗对怯薛十分重视，规定“我不出征，宿卫的亦不许出征”，随时把这支队伍掌握在自己手中，由此可见大汗对怯薛的重视。

蒙古建国之后将原来的怯薛（护卫军）组织扩充成了一万人的军队，怯薛是由大汗直接掌握的精锐军事力量，是稳固汗权的重要根基。怯薛内部又分为宿卫千户、箭筒千户和散班八千户，也承担了保证大汗及其家族安全，操管宫帐的日常工作。为了使宫帐实务各有所司，成吉思汗时期在怯薛中分设了各种执事，如扎里赤即书写圣旨的执事，必阇赤即主文史的执事，怯里马赤即主管翻译的执事等，这些怯薛执事，实际上操持着蒙古汗廷的中枢机构，各种政务的处理离不开怯薛的议事。

（二）枢密院事岗

北宋承五代，继续设置直属于皇帝领导的枢密院，具有掌管“军国机务、兵防、边备、戎马之政令，出纳密令，以佐邦治。凡侍卫诸班直，内外禁兵招募、阅试、迁补、屯戍、赏罚之事，皆掌之”职能。枢密院长官一般由文人担任，品级仅次于宰相。枢密院内的属官有检详官、计议官、编修官、详覆官等，均有定额，各司其职。枢密院下设北面房、河西房、在京房、校阅房、广西房、兵籍房、民兵房、吏房、知杂房、支马房、小吏房等12个部门，这些部门分别处理枢密院的各项事务。宋朝统治者秉持以文制武的军事思想，任用臣士担任枢密使，而同时期的武将最高只能担任枢密副使职务，比如宋朝名将狄青，他一生经历二十五战所获战功无数，但终其一生最高官拜枢密副使。虽然宋朝担任枢密使的文人在麾下并无一兵一卒，但他们却可以参与制定战略决策，有权调遣军队。枢密院所辖的部门职位也大都由文官充任。辽、西夏、金、元代在军事扩张过程中仿制中原王朝制度建立官制，均先后设置了枢密院以掌管军政，并结合实际对枢密院进行了改革，形成了具有少数民族政权特色的制度。到了元朝时期，对枢密院再次进行了改革，枢密使这一职务开始不授予一般大臣而是由皇太子领其虚衔，同时宿卫即怯薛也可参与枢密院政事议论。由于这些怯薛是皇帝身边的护卫，更因其承担职务之重要，所以有资格参与到枢密院议事当中。

（三）军事训练官

辽宋夏金元时期十分重视对军队的训练，特别是宋朝与元朝，训练内容丰富、训练制度相对完善，而且设置了专门从事军事训练的官吏。宋朝军事教练官吏的设置较为普遍，名目也较多。

宋朝的教练官与从事教练的军吏层级分明较为明显，教练官“都监”地位远高于从事教练的军吏“教头”。专门从事教练的军吏有“教头”“都教头”“指使”“巡教使臣”等。教练官亦称训练官，由“都监”或“监押”充任，地位在准备将之下、居部将之上，且品级一般高于“指使”和“巡教使臣”。在训练官有缺的情况下，训练官也从部将或队将中选取武艺高强者补充。

（四）军器生产及管理岗

蒙古建国初年，军队以骑兵为主，进入中原和西域后，面对坚固的城池，骑兵优势无法发挥，而炮兵可以发挥巨大的威力，因此，蒙古军队特别注意从降兵及地方征调大批火器工匠随军作战。蒙古军西征时，随军招收大量的铁、木、金、火等匠人充当炮手，甚至在夺城杀戮过程中，工匠也往往被单独挑选出来并随军带走。成吉思汗时期，工匠大多来自于战俘，到了元太宗窝阔台时，元廷开始在中原地区大量签发工匠以充军。元宪宗十二年（1252 年）时做出官方规定，充军的匠人“俱作炮手附籍”，正式定入军籍。

蒙古军队出征时，从各地召集、掳掠、签发来的匠人都被编在一些熟悉造炮技术、擅长用炮作战的工匠手下。不出征时，隶属于蒙古汗廷的工匠便集中于和林和荨麻林、弘州等地从事武器生产并专门设置机构进行管辖；隶属于草原各部的工匠都返回各部所在的草原，各部都有专门管理工匠的官员；汉军各万户军中，也有专门管理工匠的官员，官员近似于“炮水手元帅”及都元帅等职务，官衔虽大，但兵力其实不多，专司的官员及其工匠依旧被分别编组在蒙古军和汉军之中，专门制造兵器甲胄。

蒙古国时期，各地工匠都被编在炮军及各军之下制造兵器甲胄。除随营工匠外，还有不少工匠集中在兵器制造中心——武备寺。武备寺长官为武备卿，共有 4 人，正三品；下置同判 6 员，从三品；武备少卿 4 员，从四品；丞 4 员，从五品。任职者多为受皇帝宠信的能工巧匠和内侍，可被看作是这一时期军中的文职人员。武备寺“掌缮制戎器，兼典受给”，下辖督造机构分为提举司和制造司，提举司品秩最高，制造局等品秩较低，一般为提举司的下属机构。

各司、局除了制造弓箭、甲胄和刀枪盾牌，炮仗与火铳也由武备寺督造。至元十六年（1279 年）三月，“括两淮造回回炮新附军匠六百及蒙古、回回、汉人、新附人能造炮者，俱至京师”即可为证。造船非武备寺负责，但武备寺需派遣使者前往督视。若有部队从各司、局处领取衣甲弓矢，需持有皇帝或枢密院的旨令，还需要填写文书。由武备寺制造的各种兵器占元军武器装备的较少部分，所生产的兵器由朝廷统一调配，以备不时之需。侍卫亲军各卫、各地镇戍军队中都有制作兵器的专门工匠，由各军队中工匠制造的兵器，就供本军队使用。

（五）马政文职岗

战马是古代军队特别是骑兵战斗力的重要组成部分。辽、宋、西夏、金、元统治者非常重视马匹的管理与使用，并将有关马匹的调教、牧养和管理等经验总结归纳形成了一套固定制度。如，这一时期战马缺口最大的宋朝，在宋廷中央均设有专门管理马政的机构，马政机构的负责人往往由枢密使或副使兼领，可见对马政的重视程度。马政人员都是专司其职，不仅有专门调教马匹的人，那些经过调教的马匹“千百成群，寂无嘶鸣，下马不用控系，亦不走逸”；“骑之数百里自然无汗，故可以耐远而出战”，还有专门制定的法律法规，如《护马法》和《保马法》等，这些专门的法律法规中规定各地要预先将置办到的马匹数量、毛色、齿岁呈报中书省或者专门部门，以及如果出现马病了、死了或走失了的情况时放牧者要被处罚等细则，由此可见军马管理之严格。比如，宋代时期出台的《五路义勇保甲养马法》中，设置了马政组织体制机构，并确立了马政职官的考核、军马牧养的赏罚等制度。

（六）驿传文职岗

通信与传令专供紧急公文的递送，主要针对的是军事公文。宋朝设置了急脚递铺，递送紧急公文是由递铺兵乘马接力，昼夜奔驰传送。元代称驿传为站赤，站赤原意为站务管理者，后来泛指驿站的管理制度。站赤早在蒙古国时期就已经建立，到忽必烈统治时期，各项管理制度趋于完善。元朝政府重视站赤，在政府中设有管理站赤的专门机构通政院，并要求凡是利用驿站交通的，都必须持有圆牌和“铺马圣旨”（也就是通行证）。圆牌专供军务使用，“铺马圣旨”供一般政务使用。不论圆牌或“铺马圣旨”都必须按指定的路线行走，由该线的各站供给马匹或其他交通工具以及饮食。

三、文职岗位在辽宋夏金元的发展

（一）怯薛制度的世袭与发展

从成吉思汗时期建立起来的怯薛制度，不仅是蒙古大汗身边的常备护卫军组织，而且是元朝国家行政机构的雏形。元朝建立后，怯薛制度的行政职能，逐渐由仿汉制所建立的中书省官僚机构所取代，军事护卫只能也由逐步扩大的诸侍卫亲军来担承。但怯薛的轮值制度却依然如故，并对元廷中枢事务的参与愈发深入。充任怯薛的人员多为蒙古贵族子弟，且怯薛职务呈现家族世代相传的特点，由此衍生成一个庞大的特权集团。忽必烈后期，怯薛中的近侍从干预国家政务的现象开始出现，这些近侍往往不通过中书省来传达旨意，而是以口传圣旨方式任命官职、赐予财物、纵释罪囚、直接颁发玺书、选任官吏、传达旨意、处理问题，甚至私派人参与中书断事、参决枢密院机要事。一些怯薛近侍甚至还被委派担任诸省部的长官或者兼领外廷某些要职，比如，中统四年分遣怯薛充诸汉军万户府监战和参议，以监汉军。这些都表明，怯薛活动的范围并不限于宫闱之内，而是作为皇帝的亲信耳目，遍及外朝和全国各地。他们接近皇帝，受到信任，因此无形中具有极大权威。按照规定，一般的汉人与南人是不能充任怯薛的。但因为它有种种特权与优厚的赏赐，因此人们都千方百计混迹其间。元朝末期，宫廷中又大批使用宦者，但怯薛的人数与职任则一直无所变更。历史上很多朝代都有阉宦为祸，元朝宫廷中宦官的这份职务，则多由怯薛承担。他们在身份上远高于“刑余之人”的宦者，活动也不局限在宫中，有的人还正式挂有外廷显赫的职务。因此，他们在当时朝廷上的活动量与影响力，比起历朝的宦官来要大得多。

（二）枢密使由实权变为虚职

枢密使一职最早出现在唐朝后期，由宦官掌握。后经五代十国时期沿袭，逐渐被武臣所掌握。为了适应战争，五代十国时期的枢密使把军权牢牢掌握在手中，其执掌范围得以迅速扩大，甚至可以左右朝局，地位和权力相当于宰相。到辽宋夏金元时期枢密使继续存在于各个政权之中，但枢密使一职所代表的意义已然发生了变化。比如，宋朝规定执掌枢密使的必须是文臣，品级位次宰相，武将最高只能担任枢密副使，这样大大限制了武将的权限。宋宁宗开禧年间，改由宰相兼任枢密使，从此枢密使从属于相权。辽朝时期，为适应统治需要，将枢密使一分为二，设置了南北枢密使，分管少数民族军政、汉族地区军政，并且规定南北面枢密使亦从属于南北面宰相，进一步限制枢密使的权限。金朝天德二年（1150 年），海陵王完颜亮为加强中央集权，废除中书、门下省，以尚书省为皇帝控制下的唯一的最高辅政机关；设置枢密院为全国最高军事领导机构，但枢密院继续受到尚书省节制。

到了元代，枢密使一职不再由一般大臣担任，而是由皇太子领虚衔。忽必烈初置枢密院时，只设枢密使、枢密副使、佥书枢密院事等职。忽必烈之子真金被册立为皇太子州，“兼判枢密院事”，实际上就是枢密使，从此太子兼判枢密院事遂成为一种固定的制度。但太子缺位时，枢密使也常常无人担任。元朝枢密院虽然是中央的最高军事机构，有权处理日常的军政事务，但有很多事务还需同中书省、御史台等机构协商，提出处理意见，然后报请皇帝裁决。遇到战事时，皇帝身边的扈卫也直接参与到枢密院议事当中，枢密院逐渐成为了一个战时临时机构。

（三）军事训练教育逐步完备

1. 辽、金朝乣军中的都监掌部署约束乣军

乣军，一般指的是辽金时期的军队。辽朝时乣军的主要任务是负责禁卫、护卫宫殿，金朝时戍守边疆、参与征战。乣军是由乣人组成的军队，乣人大体上是金朝境内的非女真人的游牧民族，其中包括一些奚人和契丹人等。乣军可由契丹人、汉人统领，到了金朝中期，乣军成为全军的精锐之师。乣军全部为骑兵，以五十骑为一乣。辽代在乣军中设都监，掌部署约束乣军，都监的位次要高于辽朝的将军。在北大王院有北院统军都监与北院都监，南大王院有南院统军都监和南院都监。金朝在都元帅府中，设有左、右都监各一名辅助元帅，但此时的都监已经是不同于监军的军事官职，而是负责乣军训练管理工作的官职。根据《辽史

·百官志》记载，辽朝有十二行乣军、各宫分乣军、遥辇乣军、各部族乣军、群牧二乣军等。金时，东北路有迭剌部、唐古部二部五乣，西北、西南二路有乣军十。《金史·地理志》载详稳九处，都在上京边远的地方，或置总管府、或置节度使进行约束管理。

2. 宋代禁军中军事训练管理的普遍设置

宋代时期建立的军事训练体系较五代时期更为完整。宋代从中央到地方都设置了负责军事训练的机构，中央的最高军事机关枢密院专设校阅房，掌管中央禁军及外地驻扎所有禁军的教习工作。枢密院还设置了都承旨、副都承旨，其重要职责就是考察与考核禁军兵士的训练工作成果。兵部专门设置武举案，设置一定数量的官员，专门掌管武举选拔等事务。被称为“三衙”（见前概述）的统军机关，虽不专设执掌军事训练的机构，但也参与军队训练工作。北宋时期还设置提举教习马军所，专门教授禁军学习骑射。在大量设置军事训练机构的同时，专职教练的官吏也大量出现。

地方上，在宋代禁军的驻防之地，经常通过遴选武将来担任都监，专门负责禁军的训练。北宋中期，宋政府为减少军队数量，加强对基层百姓控制，在王安石主导下推行了保甲法，在地方上形成了提举保甲司机构，中央政府任命文武提举保甲官对地方保甲组织进行管理，负责提举保甲司的具体运行，主要内容是进行武艺训练。其中，文臣专门负责提举保甲司财政方面的事务，进而参与提举保甲司的具体工作。宋神宗时期在开封府设置提举保甲司，专门负责训练民兵、教习武艺。后来又将提举保甲司制度推广到了河北、河东、陕西等区域，当时不少提举保甲司官员因嘉奖保甲校阅而升官，由此可以确认提举保甲司的机构职能主要是主持保甲民兵的训练校阅工作。另根据宋神宗元丰二年（1079年）所颁布的《府界集教大保长法》，明确提举府界负责教保甲大保长，总领“凡禁军教头二百七十，都教头三十，使臣十”，由此可见，提举保甲司是宋朝实施军事训练的主要机构之一，而提举、同提举等官员则是负责保甲民兵训练的专门官职。

宋朝从京师到地方，都普遍设置校场，供军队操演教阅之用。根据宋人周密所撰写的《武林旧事》记载，南宋都城有南教场和北教场，不仅校场“益宽大，可以驰骋”，而且校场数量规模（神宗熙宁年，在京师增修四个大校场）远超前代，校场及其管理班子构成了与军事训练攸关的训练管理机构。宋朝将管理军事训练的部分职责下设在了礼部，在礼部侍郎右选下分八案，右选肩负了训练副尉以上级别武官的职责，右选八案中还设置了管理武官训练的机构，这类机构虽不是履行军事训练专职的机构，但参与军事训练的管理工作。

3. 专职训练军吏——“教头”“教首”

在蒙古国时期，采用大围猎的方式在秋冬季节对军队进行训练。史载“寓并发于猎，开阖聚散严矣”。元朝建立以后，“四征不庭，水陆之师莫不教练，故能东西征讨，所向无前”，大围猎的训练方式已经很少应用，取而代之的是在各军设立教官，教官又名教首，主要教习士兵击刺骑射。“诸将麾下悉设教首，勤赏惰罚，皆有著令”，后来逐渐将这一教习方法固定了下来，但由于士兵经常服充劳役，而且戍军往返更代，很多时间都花费在了路上，“废武事不讲”没有时间训练，军士很难得到系统的训练。此外，政府严格控制汉人、南人持有武器，既使是军人也不例外，因此在不出征时对武器实行统一保管，十分不便进行训练。

宋朝军事教练官吏的设置比之前任何一代都普遍，而且名目也更多。宋代建立以后，吸取五代以来部队疏于训练导致战场失利的经验教训，较为重视禁军的训练，并逐步形成了一套军事训练制度。北宋自推行将兵法以来，各路禁军基本都配备了教练官，专管军事训练。教练官本身具有教练军士的职责，同时还有选取教头的权限。教练官和从事教练的军吏是层次分明的两类人。宋神宗时期，训练官吏主责是专管训练，也负责考核军士武技。这些训练官有的是中央选派的，有的是地方选拔的。其中，有些训练官并不是军官，而是军吏或武艺出众的军士。训练官的品级要比指使和训教使臣高，一般为正八品。南宋训练官地位在准备将之下，居部将之上，如果训练官有缺，需从部将或队将中选拔武艺高强的人来担任。而专门从事教练的军吏种类较多，如教头、都教头、指使、巡教使臣等。

教头在宋代与元朝都属于军吏类别，既不属于官职序列而且人数最多。北宋仁宗时期，部分军队中已设置教头。教头的大量出现，始于神宗熙宁年间。教头一般由军士中选出，方法是通过军队的校阅，选择成绩优异者担任。为保证训练内容落实，宋仁宗时期设置了专职的训练军吏——教头。北宋后期，教头往往由训练官从本路军士中选取，条件是武技精熟。对于教头的设置宋代似乎并无定额，地位也最低。有的队伍数十名军士配备一名教头，有的上百名军士配备一名教头。此外教头还分为军中教头和军外教头，并由于所在军队不同，教头又有马军教头、步军教头、水军教头等区别。与教头相比，同属于军吏的都教头人数要少很多，地位也要高于教头。指使由低品武阶官和五品武阶官充任，宋朝各路禁军和提举保甲司也普遍设置了指使。与指使主要由三衙禁军中武艺高强的低级军官充任相比，巡教使臣通常是由八九品武阶官来充任，地位相对要更高。巡教使臣的主要职责是考校禁军，平时也有督促都教头、教头等训练军士的权力。军事训练官吏的普遍设置，对宋代军队的训练起到了一定的积极作用。

4. 武学人才的选拔制度恢复

宋代的军事教育成就较高，突出表现在武学的创设、武举制度的恢复发展以及《武经七书》等武学专著的校订和颁行。宋代仁宗时期，面对武举人才匮乏的困境，仁宗创设了武学，恢复了武举制度。天圣八年(1030 年)，宋仁宗亲自参与武举人选拔工作。当年的武举共 12 人，他们必须先通过骑射的阅试，然后根据策论决定去留，最终根据弓马技艺分出等级。神宗熙宁五年（1072 年），神宗采纳枢密院的建议，在武成王庙重建武学，并设置判学和同判来掌管武学工作，进一步限定了生员的名额，并选文武官员中熟知兵法者任教授。生员的来源是未参班的低级武官、将循例人官的官将子弟和民间的人才，并规定凡报考武学须经京官保荐。考试时先看人的见识和才具，再检验马弓技能，合格者被称为生员。武学的学制为三年，主要的学习内容是兵法，武学教育的核心是使生员掌握用兵的规律、强化忠义的操守。学习三年后，考试合格者根据等次分别授予三班使臣、巡检、砦主等实职。不合格的可以再学一年，参加第二年的考试。随着武学制度逐步健全，生员来源也不断扩大，出现了考试入学和推荐入学两种办法。推荐入学的有门槛，须是各路都监以上的武将和转运判官以上的文官推荐，但推荐免试的名额只有 1 个。

其次，生员也分为上舍生、内舍生和外舍生三等，分别对应成绩处于优等、次优等、下等的生员。根据规定，一些学业优秀、品德优异者，可以提前毕业并报枢密院审查试用。宋徽宗崇宁年间，在地方州府也设置了武学，由各州教谕主管，教谕往往由州都监兼任。宋徽宗政和三年（1113 年），由于武学人数众多，开始出现淘汰制度，也即凡在学校三年期间考试一直不合格者，开除其学籍。从仁宗到徽宗，武学制度得到了进一步发展与完善。

北宋亡，南宋建立，武学继续得到发展。南宋绍兴十六年，武学设置了武学博士和武学教谕各一员，兵部也制定了武学考试章程《武举试法》作为武学的考试章程，规定了五等射格，即凡武学生步射、骑射均不合格，不得参加文化课考试。自宋仁宗恢复武举和首创武学起，其中一项重要的考核内容就是策论，策论也成为那些意欲通过武举晋升武官的人必须要钻研学习的内容。但想要写好策论，必须要熟读兵书。为此，神宗时期，由枢密院修订了《武举试法》，规定了必读的兵书为《孙子》《吴子》《六韬》。元丰三年（1080 年）四月，神宗再次下诏，委派国子监司业等人校定《孙子》《吴子》《六韬》《司马法》《三略》《尉缭子》《李靖问对》等书并出版，这就是历史上著名的《武经七书》。七部兵书作为一个不可分割的整体，成为武学考试的官书，由此成为武学生和应武举人的官方必读军事理论教材。为指导生员学习，宋代学者施子美对《武经七书》进行了标注，推动了后世对《武经七书》的学习。宋代虽然创立武学、恢复和发展了武举制度，但通过武试选拔人才却没能起到明显的效果并日渐步入衰退的境地，究其原因主要是宋代秉持的重文轻武的国策所致，另外在执行过程中对于武官和武吏的升迁或荫补中对武艺要求相对严格，但对指挥艺术和军事修养又全然不列入考核事项，因此形成了文臣多好纸上谈兵、武臣往往目不识丁的局面，军队整体的教育水平自然难以提高。

宋代的武举制度内容虽然丰富，但武举人才并不受重视，所授予的官职也不一定与军事密切相关。宋代虽然创设武学、恢复和发展了武举制度，但在宋代重文轻武的大环境下，武举制度难以发挥其作用并最终走入衰亡。纵观整个宋代，共计产生了 27 名武状元，但这些人在军事上并没有太多建树，像唐代武状元郭子仪那样的名将更是未闻一人。

这一时期的辽夏金元对于军事教育训练也颇为重视，这些少数民族政权在军事教育训练方面保留了本民族的特色，大都将围猎作为一项重要的军事教育训练定期举行，围猎也正是他们对士兵进行军事技能和组织的主要训练方式。辽史记载，“时出校猎讲武”；金史中对围猎有记载：“名为坐夏打围，实欲服劳讲武”，可见，避暑围猎就是为了锻炼将士和统治者的意志，训练他们的作战能力。在元朝官方文献中称之为“寓兵法于猎”，并且认为“国朝大事，曰征伐，曰搜猎，曰宴飨，三者而已”，将搜猎也就是围猎与“征伐”“宴飨”并列为“国之大事”，表明以围猎为手段的训练，对于保证军队的战斗力，取得作战的胜利，都具有极其重要的意义。

（四）军器生产与管理呈制度化

辽初，由契丹、奚人等部落专门负责武器装备的制造，但随着辽国势力范围的扩大，汉人和渤海人手中的手工业者被管制起来，专门为辽军打造军器。辽朝命令被征服地区的手工业家族，成为专门生产武器装备和原材料加工的特殊人户，组织工匠生产弓箭甲胄和攻城器具。与此同时，辽朝也设置了军器坊和甲坊等机构，专门管理武器装备的生产，并设有武库存储器甲，以备不时之需。宋代兵器制造规模更大、管理更精细。宋朝在开封府设置了较大规模的广备攻城作坊十个，专门生产弓、弩、箭以及其他火器。宋代的兵器制造管理，最初由中央主管财政的三司盐铁部胄案统一掌管，后来又专门设置了军器监、军器所，下辖弓弩院、军器作坊等，按照分工进行规模化生产。各院、作的工匠一般都在千人以上，有的多达5000人。西夏政府为了补充军人装备的不足，设立了铁工院，专门负责打造刀、枪、剑、甲，招募工匠制造弓弩和攻城炮具。金朝为制造和贮存兵器，在一些州府设置军器库和作院，设置专门的官员进行管理。金章宗承安二年（1197年）设置军器监，掌管兵器制作，下设甲坊、利器两个部门。金朝中期以后，对兵器制作实行责任制，具体做法是在兵器上刻有元监造官的姓名及制造年月，军器如有损坏，就将元监造官吏依法惩办。从蒙古国到元期都很重视武器的生产，元代武器装备的生产制度相当严格，武器制造进一步集中化和专业化。蒙古扩张时期，大批来自华北，中亚乃至中欧的工匠，被迁入蒙古地区，集中居住并被严加监管，从事手工业生产，形成工匠邑落。

元朝政府设立了武备寺，专门管理武器的生产、贮存、发放。武备寺是正三品机构，下设仓库、甲局、箭局、弓局、军器局等数十个单位，分布在全国各处。此外，地方官府和民间工匠都不许随便制造武器。

（五）马匹蓄养向国有化发展

辽朝非常重视养马，在北方地区建立了畜牧生产和养马中心，而且鼓励民间养马。为进一步发展马匹养殖业以保障军需，辽朝专设了群牧机构，并选择最好的草场建立国有牧场，发展国有牧群，同时还通过对外战争大量掠夺牲畜。这些发展马匹的举措在一段时期内取得了较好的效果，辽军更是凭借着优质军马武装起来的强大骑兵队伍，屡次大败宋军及周边各族的武装。但由于战乱频繁，军马在战争中的消耗量大于孳生速度，军马缺口日益庞大，最终辽军也逐步陷入缺马的困境之中。

宋军受制于马匹缺少的因素，步兵屡败于少数民族政权的骑兵。为解决马匹问题，从养马到买马宋朝都进行了很多尝试，但效果并不理想。北宋军马的主要来源是贸易和监牧，宋真宗时期设置的群牧司具体负责买马等事宜，后来马价不断上涨，宋廷因经费拮据而不得不压缩买马规模。与此同时，北宋在地方上设置了很多监牧，主要工作是军马选育和饲养，并根据马驹数目和死亡率对监牧进行考核。到了南宋时期，因失去了北方重要的良马产地，受制于南方地区水草环境以及缺少良种马匹，所有的军马不得不依靠购买，同时期的辽、金、西夏、元等少数民族政权严控马匹交易，南宋只能购买数量不多、质量较差的滇马和川马，所购得的马匹数量十分有限。神宗时王安石变法中提出大力发展马政，提出了鼓励西北边境人民代政府养马的《保马法》，其中规定：凡愿意养马的，由政府供给马匹或政府出钱让人民购买，每户一匹，富户两匹；若马匹有生病死亡的，就得负责赔偿。但当时遭遇到了瘟疫流行，死了不少马匹，此举实施时间不长即被废止。但不管是鼓励个体养马还是国营养马，宋朝最终都没能解决军马来源问题。

西夏占据了河西走廊的天然牧场，统治者在水草肥美的地区开辟了诸多大型牧场，放养国马，设群牧司专门管理马政。与此同时，西夏还通过多种途径将军官私人拥有的牧地和马群转变为国有军马。金灭辽后，接管了辽国部分群牧所，迅速确立了国有牧地制度。元朝仿照宋、金的制度设置了群牧所，对群牧地进行军事化管理，每年派遣专门官员去各地阅视马群、统计马群、造册上报，同时严查马匹走私。

（六）军事通信保障机构不断完善

保障通信的邮驿肇始于宋朝，到了元代得以普遍推开。宋代的驿传最初分为三等，即“步递、马递、急脚递”。急脚递主要用军士骑马接力传送公文，每日可行400里路程。而一般书信杂物用步递，重要书信和紧急公文常用马递和急脚递。宋神宗熙宁年间，设金字牌急脚递制度。所谓金字牌也就是“朱漆黄金字，光明炫目，过如飞电，望之者无不避路”，牌子上写有“御前文字，不得入铺”八个字，这也意味着凡到递铺必须立即换马接力传令，不得进入递铺停留。这种金字牌急脚递可日行500里以上。为保证金字牌急脚递的递送速度，宋廷规定给递送人员中准时者以奖励，迟滞者以处罚。

元朝幅员辽阔，早在蒙古国时期，为实现对占领区域的有效管理、协调军事行动，就根据地理与环境、人口多寡，在全国建立起贯通其控制的广大地区的驿传，到了忽必烈统治时期，各项管理制度趋于完善。元代在全国范围内设置“急递铺”来保障通信。急递铺的设置最早是着眼于军事通信，但随着商业贸易的发展，“急递铺”成为促进经济交往、文化融合的重要载体。元代急递铺的设置按照每10里、15里或20里的距离来设立，并配置相应的铺兵专门执行军事和通信任务。根据元代中期的统计，全国共有各类驿站1500余处，以大都为中心，通过四面八方的站铺将全国连接起来。在今天甘肃省陇西县境内仍然有元代十里铺、二十里铺、四十里铺等地名，可见元代驿传制度对后世影响之深远。

各驿站所依靠的交通工具有水上、陆上的区别，站点也有水上、陆上的区别。陆上的称旱站，交通工具是马、牛、车、轿等。水站交通工具是船。此外东北地区还设有狗站，用狗拉小车的方法在冰上行走。元朝政府重视驿站建设，“本以宣布政令，通报军情急事”。可见驿站建设与军政之间的密切关系。中统元年（1260 年），朝廷进一步明确了每铺的人员配备，规定每铺配备铺兵 5 人，各路总管府委派一名官员，每季度检查一次递铺的事务，并按照名册检阅递铺兵出勤情况。到了元英宗至治三年（1323 年），规定每 10 铺设立邮长一名，邮长由各州县登记在册的差役担任，主要工作是督导检查递铺事务。并规定对于一年内能恪尽职守的邮长，优先提拔重用。对于不能尽职尽责的邮长，由司衙门根据情节轻重来治其罪。由总管府所属的统军司、转运司及诸衙门每季度前往递铺查阅马匹数量及其他情况。按照要求，各急递铺如有私自拆开所投递的文书或丢失其中文字内容的，递铺兵将受到鞭笞 57 下的刑罚。州县判官、主簿每半月要亲自视察递铺一次，一旦发现所投递文书出现延迟、破损、藏匿等情况，有关递铺管理者、铺兵就要被按罪论处。

四、文职人员代表人物及其贡献

（一）战车人才魏胜

魏胜（1120—1164 年），字彦威，宿迁（今江苏宿迁西南）人，南宋抗金名将。出身农家，早年曾为弓箭手。胆略过人，骁勇善战。曾多次参与抗击金军，在绍兴三十一年（1161 年）金朝皇帝完颜亮出兵南侵的时候，他率领三百军士收复了海州。

为了有效地防范和攻击金兵，魏胜发明了“如意战车”和炮车。如意战车造型精巧，每辆战车可容 50 多名士兵，且只需两人推动便可进退自如。这种战车在前面装饰有兽面木牌，木牌上往往有数十根大枪，大枪外面用毡幕蒙起来，起到隐蔽作用。战车两边有挂钩，可分亦可合，行军时各车分开，装载辎重器甲。在宿营驻扎时可将各车钩连，形成营垒，既可御箭镞，又可防敌人接近。在接阵时，将战车置于阵外，炮车居中，阵门两边架上弩车，上置弓弩，弓弩射程可达数百步远。炮车发射的火炮也能击中二百步外的目标。当两军相对时，距离远就使用弓弩箭炮，距离近就使用刀斧枪戟，战斗冲锋时，出骑兵两向掩击，得势则乘胜追击，不利则避入阵中。魏胜把这种战车的样式构造绘图上报给朝廷，得到重视，朝廷诏令各军仿照制造。

（二）弓弩人才李定

宋代是中国弩箭制造技术的巅峰时代，北宋神宗年间由党项人李定发明的神臂弩，是单兵弓弩中威力最大的弩，最具代表性。神臂弩的射程可达三百四十余步（大约 372 米），威力巨大。

宋神宗时期，神臂弩开始量产以装备军队，由此成为了宋军弩手的制式标准兵器。南宋时期抗金名将韩世忠曾对其进行改良，研制出了“克敌弓”，专门用以压制金军骑兵。熙宁初年，宦官张若水进献神臂弓，《宋史·兵制》记载，神臂弓“弓之身三尺有二寸，弦长二尺有五寸，箭木羽长数寸，射三百四十余步，入榆木半笴”。也就是在 522 米外，箭簇可射进榆树半只箭，只有步枪才有如此威力。由此，神臂弓成为宋代御敌的重要武器。

宋代威力最强的大型弓弩当数“三弓床弩”，这种弩可以“一腔三剑箭”，即在弩炮上装三张弓，两正一反，需靠至少三十人转动轮轴方可打开，威力强大，是当时射程最远的武器。在攻城过程中，近距离发射箭簇可以钉入城墙，帮助士兵攀爬城墙。

1004 年宋辽大战中，辽军主将萧挞凛在澶州遭到三弓床弩射出的大箭而身亡，使辽军士气大挫，为此萧太后辍朝五日，促成了辽宋议和，而后签订了澶渊之盟。随着宋朝灭亡，蒙古人征用床子弩手并用于战争。到明朝时，由于火器的兴起，床弩逐渐淡出历史舞台。

（三）火器人才陈规

陈规（1072—1141 年），字元则，密州安丘（今属山东）人，南宋兵家文臣，颇有文韬武略。任安陆县令时，陈规率军抵抗攻德安府的乱兵，“九攻九拒，应敌无穷，十万百万，靡不退却”。因军功被任命为德安知府及德安府复州汉阳军镇抚使。

陈规在守德安时发明了迄今为止最早的管形火器，它被后人称为“现代管形火器的鼻祖”。据史料记载，最早研制和使用的管形火器枪管是用长竹竿做成的，使用前先把火药装在竹筒内，交战中从尾后点火，以燃烧的火药喷向敌人，火药可喷出几丈远。陈规运用他发明的火枪组成了一支60多人的火枪队，2—3人操持一杆火枪，共计“长竹竿火枪二十余条”，最终将前来攻城的敌人打得落花流水。陈规后改任顺昌知府，在“顺昌之战”中与刘锜共守顺昌，击败了金兀术率领的金军主力的围攻，升枢密院直学士。绍兴十一年（1140年）宋金议和后，改任庐州知府兼淮西安抚使。

（四）曾公亮及《武经总要》

曾公亮（999—1078年），字明仲，号乐正，汉族，泉州晋江（今福建泉州市）人，北宋著名政治家、军火家、思想家。《武经总要》是曾公亮和端明殿学士丁度于康定元年至庆历四年（1040～1044年）承旨主编的一部兵书，共40卷，分前后两集，为中国古代一部军事科学百科全书。全书系统总结和整理了前人有关研制火药、火器的经验，详细记录了引火球、蒺藜火药、毒药烟球三种火药配方的制作方法。从现代角度看，这种火药配方中的组配比率已同近代黑色火药相接近，具有爆破、燃烧、烟幕等作用。这是世界上最早的火药制造配方，被历代军事家们制成了火器并广泛应用于战争，为我国第一批军用火器的发明和制造提供了物质条件。

《武经总要》还记载了我国制成的第一批军用火器。当时制造的火器主要是火球类和火箭类。火球类火器有引火球、蒺藜火球、霹雳火球、烟球、毒药烟球等8种；火箭类火器有普通火箭和火药鞭箭两种。《武经总要》详细记载了一些火器的制造方法，而且还对火器战术如火器在军阵中放置的位置以及不同情况下的使用方法进行了讲述。“立牌以自障城及弩台上，并度视远近，施放矢石、火球、火鹞、鞭箭。贼在城下，则抛飞钩；贼若填壕，则为火药、鞭箭以射，焚其刍藁桥械；贼傅城欲上，则随其处下檑木檑石以击之，随飞炬以烧其攻器，下火床及以竹炉熔铁洒灼敌人。”“贼飞炮石，则张布幔绳过其；贼为地道来攻，则为地听，候其来方，穿井邀之，霹雳火球杂兵等害之；贼附高穴城，则縋游火箱灼之；贼筑土堙傍城欲上，则穿地道至埋下，引取其土，贼堙自坏。”这些方法使战斗力增强，对于当时的冷兵器时代而言尤为先进，为后世乃至外国人所借鉴和模仿。明朝的神机营、西方的西班牙步兵方阵等都不受到战术的启发。

（五）武学状元李珙、江伯虎、柯熙

李珙（1079—1126 年），字温之，他是宋代弃文从武拿下武状元的典范，在他身后留下了率孤军勇赴国难、千里勤王、壮烈战死的英雄事迹。宋徽宗大观元年（1107 年），李珙参加武举考试，高中状元及第。作为武状元，李珙虽被朝廷授予武功大夫的头衔，但并没有获得实职。北宋末年，国家处于内忧外患的极端险境之中。1120 年，朝廷任命他为广东路都监带兵平叛，获大功，官拜中州刺史。后又担任邕州团练使，相当于如今的省军区司令员职务。1124 年，金兵大举南侵，当时北宋王朝内廷空虚，兵微将寡，难以抵御，于是宋徽宗发布诏书号召各地起兵勤王，李珙积极响应，招募敢死队前往勤王，并在抗击金军的战役中壮烈殉国。宋高宗赵构即位后，表彰他的忠义，追赠他为“忠州防御使”以示表彰，使他的忠义精神为后世所铭记。

江伯虎，字君用，南宋福州永富人（今属福建省），南宋孝宗纯熙八年（1181 年）辛丑科武举第一人。伯虎一名是孝宗御赐之名，意在勉励他上阵猛如虎，能收复失地，创建光复北方再造华夏的功业。虽然被寄予厚望，但他本人内心对从军缺乏热情，他自请朝廷将自己的档案按不从军处理，入仕三年后，又考中文进士，被授予大理寺评事的官职。他文武双全，曾为武学教材《施氏七书讲义》作序，他一生最大的功绩是刻印出版了由他作序的《施氏七书讲义》，为后世武学的发展做出了贡献。

柯熙，字嘉仲，南宋福州永泰人，绍兴十八年（1148 年）戊辰科武状元。柯熙在乡试、会试中均获第一名，是两宋时期为数不多的双元武状元。柯熙是永泰第一位状元，为家乡习武之士开辟了一条科举致仕之路。他夺得状元后，朝廷授予他正九品的官职武学谕，专门从事对生员进行兵书、弓马、武艺的训练与指导工作，一生兢兢业业，官至正六品承直郎。

五、述评

辽宋夏金元时期，中国从多民族政权的并立再次走向统一，封建经济继续发展，民族融合进一步加强。多民族政权的统治者出于稳固统治的需要，希望通过严格的军队事权制约和有效的制度安排以更好地维护统治。一方面通过对军事机构调整，分化事权将权力集中于中央、集中于皇帝一人手中，以达到削弱地方割据实力的目的；另一方面在吸取唐末五代时期武将专权的教训基础上，对军事机构人员构成精心安排，启用文官参与军事活动，武将的地位受到压制，如辽代文士“林牙”可以直接领兵出征，宋元时期的最高军事机关职务枢密使按“祖训”不得由武将担任等，由此，催生了一批军队文职管理岗以及参与军事管理活动的文职人员。

这一时期各政权之间虽互有攻防征伐，但总体上以和为主，农业和手工业获得了重大发展，商品经济十分活跃，经济上的紧密联系进一步扩大了民族融合的程度。各政权也对其政治经济政策进行了一系列调整，使生产关系的调整适应了当时生产力发展水平和要求，各民族经济得到了共同发展。发达的军事手工业也规模化地应用于部队武器等后勤建设，如，宋代开封府就设有南北作坊和弓弩造箭院，在各州设有制造兵器的作院，一大批新型弓弩等武器装备不断推陈出新。特别是这一时期宋朝继承和创新了唐末五代时期的火药技术，制造出了新式火药武器，在实战中发挥了重要的作用，日益受到统治者重视。这些具有专业技术特长的人员来到军营成为军匠、兵匠或作院军，参与到新式武器的生产与设计等工作中，他们是这一时期技术文职的缩影。

这一时期也是多民族竞争发展时期，两宋政权与这一时期主动仿效中原政治制度、经济制度、军事制度等的少数民族政权长期对峙，双方围绕军事实力的消长或战或和，巩固统治很大程度上取决于军事实力的强弱，正如后晋安德节度使安重荣所说“天子，兵强马壮者为之，宁有种耶”，因此，这一时期的军事实力成为了竞争焦点。为了增强军事实力进而稳固统治，各政权都高度重视军队后勤保障工作，委派专门人员负责保障武器装备生产、军事训练考核、粮秣辎重采供等非战斗行动任务，并设置相应的编制及职位，初步形成了较为完善的部队后勤供应保障体系。这一时期军队中出现了大量不直接参与军事行动的人员，如专事军队训练的“都监”“教头”，专事武器生产的“武备卿”，基层兵士中的“不入队”效用等等，这些军队文职人员的作用逐渐凸显，对保障军事行动顺利开展做出了不可磨灭的重要贡献。

从整体上来看，统治者的重视是这一时期文职岗位发展的重要原因，而生产力的发展、军事手工工艺的创新及规模化推广是这一时期技术文职队伍发展壮大的根本原因。正是凭借军事手工工艺规模化应用于军队建设，统治区域内稳定而持续的经济供养能力，各政权才有实力不断地将战争规模进行扩大。在经历了多次大规模战役之后，源自蒙古族的元朝于 1271 年再次建立了统一的多民族中央集权国家。

第六章

明清时期文职人员制度

一、历史背景

总体来说，明清期间军制继承元朝部分制度，但也有很大变革，尤其是清朝后期开始的近代化军队的转型，使军事制度变革更加剧烈。这里对从朱元璋建立明朝到清末期间的军事制度进行介绍，目的在于通过对文职岗位所从属的军事系统进行背景论述，从而使读者了解到这些岗位的演变与从业者做出的贡献。

（一）明清军制沿革

1. 明朝的军制

明朝初年实行民参军的军事制度。明太祖朱元璋在还未取得全国政权之前，就非常重视军事制度的构建。1335 年，朱元璋在明军的基层单位沿用元代旧制，设立了一个无固定人员和行政级别且兼管民事的翼元帅府，到 1364 年，他又创立了《部伍法》，规定了明朝的军事制度，将统一编制的卫所制度予以确认和完善，经过艰苦的立法工作，到 1374 年，明朝设定了《卫所章程》，标志着卫所制的最终完善，也标志着训练权与统兵权分离的建军思路成为不可动摇的明军建军原则。在明朝中央，明军的管理制度经历了由行枢密院（枢密院的临时派出机构）、枢密分院（枢密院的固定派出机构）到大都督府（1361 年设）的变化过程。在地方建立了行都督府和都卫，这两个机构是大都督府的派出机构。

关于行枢密院到大都督府的演变过程，一般认为所谓行枢密院只是个空架子，功能最多类似于咨询机构，并无实际军事指挥权。明军主力由听命于中央的各级将领（这与全国处于战争阶段将领在外作战有关）和朱元璋本人指挥，剩余的少量军队的相关事务则由各省分别设立的都镇抚司负责。1368 年后，行都督府和都卫出现，由于它们本身不属于地方政府，实际上中央将军政部门统一收归了中央，地方的都镇抚司于 1373 年撤销，各省对军队的一点点影响力也消失殆尽。

封闭独立的卫所和世袭军户制度。在取消各省都镇抚司的基础上，脱离民政系统的封闭的独立的卫所与军屯制度成为明朝军队的基本组织与管理制度。所谓卫所和军屯和唐代的府兵制很像。根源在于朱元璋在明初将全国土地分属于两个系统，一个是开放的行政系统，一个是封闭的军事系统。军队直接掌握了最重要的生产资料土地，于是明代军事系统的都司、卫所也成为一手拿剑一手拿锄头的特殊组织，在绝大多数情况下它们也像归地方布政使管理的州县一样，成为一种类行政单位，与地方行政系统的民户相似建立了军队的军户制度，军队也就管辖着大片属于明军的土地和土地上的人口、资源等。历史学者估算在洪武二十六年以前，明初军户人口约为 1136 万人。军户制下的武官作为指挥员其产生却并不职业化，他们作为卫所军户中的一个特殊群体，其世袭制度别具特点，如著名的抗倭将军戚继光就是世袭武官。军户制的优点和唐代的府兵也很类似。需要补充说明的是，明朝有一些特殊的军人，他们主要承担各类政府规定的劳役，如漕运军。漕运军以漕运为役，以屯租补充家计，帮贴造船、运粮。军户世袭的意义在于政府可以有效掌握兵源，并将军费开支减少到最小。但随着战争结束后，除了边疆驻军之外，内地的明军也和南宋临安的宋军相似，打仗已不是主要业务，屯田、漕运、杂差等成为固定军役，卫所官兵的荣誉感急剧下降，而在享受权利方面，军户所耕种土地要缴纳的皇粮国税与民户相同，只能减免很小部分的杂泛差役，却因为是军户，在科举、任官、分户等方面限制颇多，所得甚少，所失甚多，因而社会地位逐渐下降，于是卫所士兵大量逃亡，军队战斗力随之下降，卫所作为战斗组织濒临瓦解，到万历年间，一条鞭法逐渐在卫所中施行，明初以户籍严格区分军户、民户的制度崩溃。卫所制也就名存实亡了。

内地半职业化的营兵制。随着卫所制的崩溃，地方土地兼并，大量流民出现，而卫所无兵可用，原有军队管理体制已不适应国防形势的变化。半职业化的营兵制就此出现。营兵由营将从卫所中抽调或招募而来，主体是招募而来，实际上是一支半职业化的军队。营兵中的军与兵出现了区别，表现在组织形式上为：军拥有正规编制，属于某个卫所，来源是世袭军户且驻地固定，将领设置有定例，管理权与统率权分离；兵归属于营，直属兵部，无法世袭，随着明朝社会失稳，兵也就跟随将走，无法带家属，接近现代兵制。在使用上，军的军饷主要来源于军屯收入；兵的饷来自兵部发放或由地方行政系统调拨，收入较丰厚。在使用上，兵主战，军主守、主屯。明朝中后期镇压农民起义的明军就是这类营兵。实际上，明朝内地还有民兵，因其战斗力弱，组织简单，也没有文职人员岗位，此处不再赘述。

边疆驻防的职业化九边营军。九边营军与内地的营军相比，其职业化程度更高，战斗力更强。所谓“九边”是明朝的特殊术语，原指明朝北方边境一线的军事重镇，也就成了边疆军队的统称。边疆的世袭军户经过长期战争已保留无多，因此此处的营军更多的来源是招募的职业军人，且边疆地区作为明军的主要国防方向和用兵方向集结了明军的精锐，而边疆地区农业生产基础薄弱，军户制也无法支撑强大的国防军，九边营军的庞大军费开支也就成为一个无底洞。需要补充的是，明朝还曾有京师三大营作为中央的核心军事力量，但随着土木堡一役，明英宗被俘，三大营全军覆没，后虽重建战斗力也已不可同日而语。这也导致明朝对军队的领导体制进行了变革。

明中期军队领导体制逐步发生变化主要体现在镇守中官的设置和督抚制度的形成。宦官参与军事始于朱元璋时期，但宦官并无指挥权，职责是只能作为御马监人员为军队购买军马。永乐以后宦官预军逐渐制度化，主要原因是在靖难之役中宦官忠诚可靠，永乐皇帝也乐于运用宦官控制军队，宦官逐步有了出使、专征、监军、分镇、提督京营等大权，由于永乐皇帝自身是藩王上位，因此皇帝已无法利用家庭成员（藩王）控制军队了，出于维护皇权的需要，各藩王的军队控制权也被撤销。随着京师三大营的瓦解，一旦地方反叛，中央已无力直接派出精锐力量平叛，因此皇帝对地方统兵将领更不信任，大量委派宦官前往控制军权，陪臣执国命，军制开始更加败坏①。

至于督抚掌兵的制度，在明朝建立时巡抚是中央派出的流动监察官，后逐渐驻扎各省。在明朝正式官制中巡抚是中央监察官，布政使、按察使、都指挥使三个地方官各不统属，兵权直属中央，但实际上一省如果需要迅速用兵，结果是作为深受朝廷信任的巡抚代表中央临时拥有了地方的兵权。随着明朝越来越失去稳定，用兵大量出现，只得将中央部级高官临时外放作为总督统管用兵，事毕回朝，如为了抗倭任命尚书胡宗宪为浙直总督，只要与东南抗倭有关之事他均可办理。随着明朝将亡，多省爆发农民起义，以及后金政权兴起，只得派出更高级的官员统管多省用兵，这就是督师，如明末袁崇焕等人。

总之，明朝的军制在兵役制度上经历了一个由世袭、自给的卫所制向募兵的演变；在组织编制上，由平战合一但缺少战斗力的卫所组织向战斗力较强的营制转变。这也为文职人员岗位的涌现提供了制度基层的空间。

2. 清朝的军制

明朝把提高军队战斗力建立在不断提高老百姓军费负担的建军路径是不可持续的。随着明朝的崩溃，营制和督抚制被新建立的清朝吸收，结合了原来清朝的少数民族兵民合一的制度——八旗制度，构成了清朝前期和中期（鸦片战争前）的军制，近代史开始后，清代军制仍有变化。

（1）八旗制度

八旗本身是满洲（女真）人的渔猎组织，清军入关后，也成为旗人的基本社会组织、生活组织和军事组织形式。明万历二十九年（1601年），努尔哈赤整顿女真族的社会编制，创立了兵民一体、平战结合的

① 孔子曰："天下有道，则礼乐征伐自天子出；天下无道，则礼乐征伐自诸侯出。自诸侯出，盖十世希不失矣；自大夫出，五世希不失矣；陪臣执国命，三世希不失矣。"孔子认为皇帝身边的家奴掌握权力是制度败坏的表现。

编制。他分别以牛录额真、甲喇额真、固山额真为旗民的首领，编成红白黄蓝四旗。万历四十三年（1615 年）模仿旧的四旗编制，在各旗名称前加上“镶”字，于是多了镶黄、镶白、镶红、镶蓝四旗，这样一来，加上原来的四个旗，八旗制度就确立了。至皇太极天聪九年（1635 年）收复蒙古，于是也模仿满洲八旗的模式，编成了蒙八旗。至崇德七年（1642 年），吸收大量投降的明军，也模仿旧制，完成了汉军八旗的编制。清兵入关前，正黄、镶黄两旗由皇帝直接率领，顺治帝亲政后，正白旗也划归皇帝统领，八旗内部也出现了地位上的差别，也就是直属皇帝的上三旗与其他不直属皇帝的下五旗。

八旗在清朝前期和中期实际上承担着国内的野战平叛任务，但由于数量稀少，清入关伊始，就将八旗的军事战略改为军事防御，于是统治者将八旗兵在京师与军事要地驻防，一方面采取以点控面的方式威慑全国，另一方面也监督绿营兵。入关伊始，清朝各级统治者其实自身是武士，关内本身并无生产资料，于是采取了大规模的“圈地”活动，将大批老百姓的田地划归旗民；同时清政府希望旗人保持骑射之风，只以作战为业，豁免了旗人的税赋与劳役义务，但实际上优惠政策造成了旗人拥有武士身份但实际上不会打仗也不会生产，而是将土地贩卖、典当、出租，最后出现旗民“生计”问题。普通旗人的贫困化和高级旗人的贵族化在康乾年间就已非常明显。甚至形成了极少数满人亲贵集团和大部分赤贫旗人，原有八旗组织的内部矛盾尖锐，随着承平日久，八旗的作战职能在康熙年间已逐步退化，最后成为一个民事组织，八旗各级将官并不会打仗，而是成为了清代特权阶层的各级民事长官。那么清朝中期依赖的武力主要是什么呢？就是绿营。

（2）绿营制度

绿营是清朝国家常备兵。顺治初年，清朝在统一全国过程中将收编的降将及其军队沿用旧制，按照明军的营为基本单位进行组建，因为采用绿色的军旗（其他旗子的颜色被八旗占用），所以也称为绿营，绿营的军人称绿旗兵。全国绿营兵额总数并无定数，绿营的人员也就根据需要时有增减，具体由各地督抚根据需要报中央增减。在咸丰以前，较之八旗兵多三四倍。在清朝前期，由于八旗迅速腐化堕落，清政府为维护国家统一、反对地方割据和地方分裂势力大量使用绿营兵，如平定三藩之乱时绿营曾起到重要作用。

绿营兵承担的任务非常独特，如看押监狱、守卫驿道、警卫皇帝陵寝、查拿走私、剿匪、维护社会治安、查禁集会、打击严重暴力犯罪、承担官府各类临时任务甚至修建各种工程。绿营兵分布在全国各地，总体数量并不多，但点位很多，布防面积非常大，以营、标、汛、塘、卡等为编制，一个驻扎点数量不等，少的只有几个人，多的可以有好几千。这种分布可以有效维护统治稳定，地方官府可以在任意地方找到武装力量镇压刚刚兴起的反抗。绿营的主要功能是对内。在鸦片战争中清军以全国兵力抽组的方式集结，但大部分疲于奔命，长期无法赶到战场形成战斗力，英军攻克一地之后反而可以进行休整以逸待劳，是清军战败的一个原因。

绿营兵的士兵为世兵制，这一点和南北朝很像，绿营的人员世代当兵为业，父亲死去则儿子接班。绿营的将领由兵部直接管理，中低级指挥员由地方督抚决定或保举，这样一来，绿营的将领无法直接带兵，但用兵单位可以有效影响绿营，同时有效地防止军人拥兵自重。绿营士兵没有超龄退伍制度，鸦片战争中清军六十余岁的阵亡士兵并不稀奇，而将官是否退休要由皇帝决定，因此清代将领盛产老将，如老将关天培等人。因为各级官佐缺乏转业退出制度，故而人员流动极其缓慢，基层官兵长期无法发展。

（3）勇营制度

勇营出现于雍正、乾隆年间。起初并无制度可言，一般为战时募集，事毕解散，影响有限。曾国藩创建湘军并制订勇营制度后，勇营异军突起，取代八旗、绿营，成为晚清国防力量的主体。勇营本身是官僚私人武装，兵由将招、兵随将走、兵归将有、兵饷自筹，勇营对清政府的忠诚来源于地方官僚本人对清王朝的忠诚，勇营没有系统的司令部，各级勇营军官的任命和选取也由官僚本人决定，形成强烈的人身依附，实际上到此清王朝的军权已经掌握在汉族地方官僚手中，正如后面我们看到的那样，一旦这些官僚如袁世凯不再忠诚于清王朝，清朝的统治也就土崩瓦解了。勇营的编制各异，近代化程度各不相同，装备各具特色，有的洋枪洋炮有的弓马长矛，实际上勇营酝酿着北洋军阀的萌芽。但总体来说，作为清末迈向近代化的一种军队，它内部也有很多文职人员逐渐涌现出来。他们在历史的风云际会中谱写了不一样的人生。

（4）新建陆军和海军

新建的海军尤其是北洋海军是清代历史上最现代化的一个军种，它的历史大家耳熟能详，在此不赘述，其中也蕴含着现代化的文职人员（后文详述）。新建陆军实际上指甲午战争后新建的新式陆军。1895 年（光绪二十一年）甲午战争后，清政府派胡燏棻在天津小站练兵，编成“定武军”。随后改派袁世凯训练新军。袁世凯仿照德、日陆军建制和操典条令，对定武军进行改编，由 4000 余人扩编至 7300 人，定名“新建陆军”，即北洋新军。由于袁世凯的新建陆军在统治核心区的直隶地区，其他人新建的陆军在八国联军侵华战争中要么被消灭，要么自行溃散，还有部分人员被袁世凯兼并吸收，其余各省新建陆军很多并没有编练完毕，这样一来清政府的军权就掌握在了袁世凯手中，新建陆军也就指北洋军了。作为清末最近代化的一支军队，这支军队里面的文职人员非常多，涌现出了大批文职岗位。

（二）文职人员岗位发展原因

1. 明军中发展原因

明军中文职人员岗位发展的主要原因有三点：

第一，是中央内部权力结构的调整。明朝是元末农民起义的产物，从一个局部政权逐步成为全国性政权。在其发展过程中不断招降纳叛，这也意味着内部结构需不断进行调整。伴随着内部军功勋贵集团的不断斗争，造成明军内部军事的不断调整。这主要表现在明朝前期。仅以大都督府的发展为例，1361 年朱元璋以行省右丞相被封为吴国公，于是建立了大都督府，《明太祖实录》记载当年“改枢密院为大都督府，命枢密院同佥朱文正为大都督，节制中外诸军事。中书省参议李善长兼司马事，宋思颜兼参军事，前检校谭起宗为经历……”。到朱元璋称王时，称王前的军事机构大都督府也相应升级，模仿了元朝枢密院的体制，《明太祖实录》记载“定大都督府等衙门官制。大都督从一品，左右都督正二品，同知都督从二品，副都督正三品……”。1367 年朱元璋攻克苏州，再次提升大都督府级别，《明太祖实录》记载“定大都督府及各卫官制，大都督府左右都督正一品，同知都督从一品，副都督正二品，佥都督从二品，参议正四品”，大都督编制被取消，其余官员都升级了。洪武十三年初，胡惟庸案发，朱元璋取缔了丞相制度，废除中书省，大都督府一并被取缔，实行分权制军，成立五军都督府，但由于各勋贵之间的倾轧、新锐军官与勋贵之间的矛盾，朱元璋利用这些矛盾在新锐军官的支持下公布了都督府主要官员的罪状，消灭了勋贵，五军都督府的主要职务左右都督不再由勋贵出任，也收回了其余都督们的议政权，这样，五军都督府变成了统领下属卫所的执行机构，此后明朝都督府的官制基本稳定下来。

第二，是中央地方关系的变化和文官武将集团之间的关系发生变化，尤其是宦官专权的出现，特别是随着京师三大营的覆没，中央已无力直接出兵镇压地方叛乱，明朝统治者有意打压地方武将加强监控，无论使用中央特派员身份的巡抚和总督控制军队还是派太监出任监军，还是将部分战斗力生成要素如火器军械控制在只忠于皇帝的太监手中，均有效提高了皇帝对军队的控制权。仍以五军都督府为例，1402 年地方藩王朱棣战胜中央的建文帝登基，中央和地方关系发生变化，首先在体制上，1403 年“设北京留守行后军都督府、北京行部”，北京行府在编制上成为后都督府的派出机构，但由于皇帝常驻北京，北京行府实际上代替了五军都督府的作用，直到明廷迁都北京，原在南京的五军都督府改名南京五府。到宣德年间，《明宣宗实录》记载“革北京行后军都督府及行部”，到正统六年（1441 年），明朝修改官印，确定原北京的五府成为正式的五军都督府，分统全国绝大多数卫所，南京的五府只统领南直隶境内的卫所。至此五军都督府一分为二。①

第三，是敌军的变化。明军的敌人从前期的蒙古和农民起义军逐渐变得多元，到明朝中后期还包括日本倭寇，到末期还囊括了八旗兵。敌军的变化自然引起明军的变化，主要表现在九边营军内部的兵种变化以

① 王冬：《明代五军都督府研究》，陕西师范大学硕士论文，2014 年。

及戚家军等招募营军的出现。以九边营军为例，蒙古势力退出关外后并未一蹶不振，明成祖劳师远征也并未消灭蒙古势力的主力。随着明朝国力衰退，明朝转攻为守，边防的卫所压力骤增，明军建立据点巡逻，设置险要据点，构建堡垒营寨，边防士兵无法单靠本地卫所解决，明军采用兵力抽组的方式，抽调内地卫所和京营的士兵参与边防，又按兵种编组，边防军的专业化程度有所提高，专业的边防火器分队出现，据《明仁宗实录》记载，洪熙元年（1425 年），“遣内官马骥等送神机铳赴万全诸边卫……专守护铳炮，遇有警急则用”。李时勉记载，正统十一年（1446 年）“都知监少监黎城韩公，奉命备御北边，已十年矣。公专掌神铳……凡三出，皆有功”。可知边防有掌握火器的内官率兵助守。

2. 清军中发展原因

清军入关后施行八旗绿营制度，八旗这种制度是对满族部落兵制的继承，是保留统治者军事优势的表现，但由于八旗数量稀少，其主要存在价值是维护以满洲贵族为首的封建统治。随着投降的明军立下战功以及维护统治需要多招募汉族军队，清军只得将这部分军队独立成营，后以绿色旗帜为特征，这就是绿营。

绿营建立初期是比较有战斗力的，但随着承平日久，经济恢复发展，用兵减少，绿营逐渐停止招募兵员，开始模仿八旗兵世代为兵，随着八旗日渐腐化堕落，清政府对拥有战斗力的绿营汉族将领并不信任，经过多次改革，再加上几乎没有对外作战任务，绿营将领多由八旗军官担任；绿营作为清代朝廷倚重的武装力量，清政府却并不重视，绿营兵的装备和待遇与不堪作战的八旗相比要差很多，且随着经济恢复发展，绿营的薪酬并未跟随社会发展调整，长期执行顺治年间的薪酬待遇，造成绿营兵日渐贫困，绿营士兵的待遇在战时优渥但在平时较为低下，进入盛世的清朝绿营兵的待遇不足以维持生计，为了谋生绿营士兵大部分有第二职业或利用参与地方事务的权力巧取豪夺，军事化让位于生活化，当兵成了可有可无的事情，绿营兵社会地位逐渐下降，雇人顶替当兵成为普遍现象，这样的士兵自然谈不上什么战斗力。绿营军官与文官相比同级别俸禄要高，但收入和权力与地方文官毫无可比性，且清朝厉行文官治军，高级武官不仅要听命于地方督抚，甚至需听命督抚的代理人——低级文官，去绿营当军官成了没前途的事情。到清末太平天国运动爆发，清政府卖官鬻爵，武官的顶戴谁都可以购买，于是当武官反倒成了可耻的事情。世兵制下的绿营本身的封闭性也使它吸引不到社会上的人才，无法招收到新鲜血液，人才建设无从谈起，干部队伍也就无可救药了。清中期开始，由于各省督抚不理军政，不保举绿营将领，清廷统治者也不了解绿营将领，绿营将领无从提拔，更重要的是，由于八旗已腐朽到无法作战，更为了加强对战斗力较强的绿营的控制，清政府开始派旗人担任绿营中的中高级军官，但旗人并不会指挥。绿营的基层以汉族为主的官兵感到没什么前途，也就没有动力，清政府虽认识到这个问题并在嘉庆年间进行过改革但收效甚微。随着绿营的逆淘汰和自然淘汰，绿营也就彻底腐化堕落，到清末只是消耗粮饷，无法作为一支军事力量使用了。

八旗和绿营无法镇压内部叛乱更无力对抗外国侵略，清朝军事制度开始出现变化。清政府被迫鼓励各地士绅和官员编练新军，这就是湘淮勇营兵。各地士绅效仿明代戚继光的练兵和作战方法，采取兵将自招、兵饷自给的募兵制，主要通过同乡、同学、亲友关系选拔，骨干将领使用传统读书人，士兵选取朴实的乡村农民，以书生领导山农成了湘军的建军原则。湘淮军镇压了各地反叛，但这种军队越发展越弊端丛生，主要表现如下：首先在战争停止后迅速腐化堕落与八旗、绿营无异；其次是指挥系统紊乱，国家不通过曾国藩和李鸿章无法指挥军队，而兵将自招的募兵也造成各地湘淮军具有很强的独立性，山头林立，难以合同作战，即使中央经过督抚调集了湘淮各军，但各军实际上只服从曾国藩和李鸿章，在战场上很难协调一致形成合力；再次，近代战争的高科技含量直接决定这种传统读书人领导的军队组织中很难成长出具备近代战争指挥素质的将领，即使在军营内设立学堂，但培养出来的优秀军事人才回营后无法得到重用，仅可在军中当教习，无法成长为优秀指挥员；最后，这种制度落后于近代战争的需要，主要是这种制度下诸兵种不全，建制落后于时代发展，无后勤保障兵种，从军政系统看，无有权威的全国范围内的军政机关，军队建设质量无法保证，从军令系统看，从幕府到司令部的军令机关没有成长成型，实际上兵权只归勇营统帅个人。

随着甲午战争的失败，全国上下普遍认识到军事改革的重要性，旧式的军队组织如传统的勇营已不能适应近代化战争，于是清政府被迫开始再度编练新军，特别是陆军。清末新政编练的新军一定程度上弥补了旧式军队的弱点，主要有：确立了中央的文职军政机构练兵处；干部政策上大量采用新式军事学堂毕业生，这是我国军事院校毕业生首次担当重任；专业技术上继续施行由北洋海军雇佣外国军事专家和军事指挥员为中国服务的政策；军队组织机构上模仿外军，创立陆军部，下设各个处室，如参谋营务处、执法营务处、督操营务处、教习处、粮饷局、军械局、军医局等总部直属机关，至此军种机关第一次成批出现在中国军队；在各地驻军的体制上，采用了先进的步、马、炮、工多兵种合成军制，抛弃了湘淮旧制；在新军内部还出现了特殊的教育机构，从行营学堂（类似于后世教导队）到各专门学堂（类似于兵种指挥学院或技术学院）均成批出现。

明朝军制的发展规律总体上沿着两个方向运动：一是沿着提高军队的战斗力，增强皇帝对军队的控制方向前进；二是沿着不断提高老百姓的军费负担方向前进。前者基本是沿着两个方向进行的：一个是将平时体制转变为平战结合的体制；一个是文官参与军队管理，加强对军队的控制。卫所制是一种典型的平时体制，久而久之卫所兵已丧失战斗力，通过平战结合的制度改革，明军战斗力得到一定程度加强；至于文官参与军队管理，明初地方最高军事长官是武将，再变而为巡抚、总兵官，出现了文官，最后变成文官出任，这就是总督，巡抚和总督都是科举出身的文官，本身不是武将，拥有兵权的唯一途径是皇帝任命，因此皇权得到加强。至于沿着不断提高老百姓军费负担方向主要表现在封闭但不用耗费军费的卫所制崩溃后，各种新出现的军事制度出现，无论平战结合的兵制还是雇佣的营兵乃至九边营军均实际上需要老百姓承担各种费用，因此明朝末年不断增加辽饷、剿饷等各类军费，大大加速了明朝的财政危机直至明朝灭亡。

清代军制的发展规律是新旧并存，多元融合，外因刺激而发展。先看新旧并存：清代的军事制度经常变化与改革，且总体上各军兵种并存。清代传统的八旗、绿营一直存在，《清史稿》中也反映了这种复杂情况，“绿营积重，沿数百年，同治中兴以后，疆臣列帅，惩前毖后，渐改练勇巡防之制。光宣间屡加裁汰。宣统三年，武昌事起，陆军部疏言时局艰危，各省绿营、巡防队一律从缓裁撤。绿营之制，遂与有清相终始云”。湘淮勇营本身不属于正规军，但太平天国战争结束后也仅解散裁撤部分，大批军队尤其是淮军仍然保留了下来。淮军教育改革劳而无功，淮军制度已经无法跟上军事变革脚步，显得暮气沉沉。清政府表面上采取海防和塞防并重的国防战略，但一方面建立新式海军，一方面却由于各种原因无法改革淮军旧制，甲午战后淮军更加没落，八国联军侵华战争期间淮军将领凋零殆尽，已无可用之材，实际上勇营已无法承担国防军任务。清政府开始再次编练新军，此时原有的各式旧军队仍然存在，不仅八旗、绿营、湘淮勇营、练军①，重建的海军和陆军也都出现，各类军队无论有无战斗力均长期并存。再看融合发展：绿营出现后其发展越来越像八旗兵，勇营本身是因八旗绿营旧制弊端而兴起的军队，但镇压太平天国以后其军队风气也越来越像八旗绿营，各级军官的名号也参考八旗绿营定制，各级军官像八旗绿营一样不思练兵备战，正如张之洞所说“营官统领专讲应酬”，以致其战斗力迅速下降，直到甲午战败被迫编练新军，勇营制度也快速退出历史舞台。新军是一支近代化军队，编制体制、作战训练、教育管理等方面均模仿西方，但政治思想上仍然是勇营模式下的募兵制，在政治忠诚上只知忠诚于招兵将领不知忠诚于国家，到最后演化为以北洋军阀为代表的各个旧军阀。直到进入北洋军阀统治时期，北洋军文职人员基本沿袭了清末军队文职制度继续流变。

二、特色文职岗位

明清年间，人类逐步走向近代化，受此影响，明清军队中均出现了近代化萌芽，在编制体制、战略战术、军事技术、人员结构等方面均发生了变化，特别是文职岗位逐渐定型，但这些岗位本身在明清时代并不直接上战场杀敌，因此在各个典籍和战争历史故事中均记载不详。经过

① 1863 年，鉴于直隶的绿营各营制度不一、人员老化，严重影响战斗力，清廷采用湘淮军的办法来改造绿营兵勇，用此办法编练出的军队就是练军。

爬梳史料，我们发现以下一些文职岗位，当然，由于资料局限，我们的叙述挂一漏万，有待方家补充。

（一）明军文职岗位

1. 武学教官岗

朱元璋建立明朝以后，在激烈的战争实践中明军认识到军事技术和军事经验的发展对战争胜负的巨大影响力。由此明军对军事技术如何进步和军事经验如何传递产生了浓厚的兴趣，尤其是对武臣子弟进行基础文化和军事理论教育产生浓厚兴趣。于是明朝的教育体系中出现了军事科目，尽管范围较小，影响有待提高，但仍值得一提。例如作为明朝最高教育机构和教育管理机构的南北国子监，教学内容即包括军事斗争所需的军事理论知识。各省的都司、行都司、卫也有专门的武学教官。到此，明军出现了武学教官岗位，主要教授武臣子弟基础文化、军事理论、弓马骑射之术。这些教育机构的教官设置教授一人（从九品）、训导二人（不入流），并在明朝各代沿袭和发展，随着边患加剧，其教学内容也日益充实并改变。

2. 火器分队指挥与装备工程师岗

随着火器的大量使用，明军出现了火器分队。使用火器、维护火器的装备工程师岗位也就出现了。不过明军火器主要为西学东渐背景下直接购自西洋的火器或者明军自制和仿制品，因此明军武器装备的技术性能在当时世界并不是最先进的，装备工程师主要是做维护保养工作，设计研发相对较弱。到嘉靖年间，明军火器也落后于世界，被迫向西方学习，主要学习了佛郎机[①]和鸟铳。佛郎机传入中国后，朝廷制造大佛郎机 32 副，分配给各军队试用。到嘉靖八年，造佛朗机炮，命名为大将军，配发边疆军队使用，开始批量装备明军。戚继光在北方的车营也曾

---

① 佛郎机是明人对葡萄牙和西班牙的称谓。明正德九年（1514 年），葡萄牙人乘船来到中国广东沿海，开始和明朝交往，当时人即称之为佛郎机。明隆庆五年（1571 年），西班牙人东来侵占吕宋（今菲律宾），并以此为基地，向中国扩展侵略势力。明朝人因对葡萄牙和西班牙区别不开，也把在吕宋的西班牙人称为佛郎机。

装备这种火炮。鸟铳是从西方传入的另一种火器，鸟铳有日本传入中国说（抗倭战场缴获实物并俘虏了制造工匠）、土耳其使者传入中国说（奥斯曼帝国派火器管理者朵思麻出使明朝，此人留在明朝担任锦衣卫指挥使，教会中国制造）等说法。在明末战争中，鸟铳大量装备明军步兵和骑兵，炮兵作为步兵的配属，在抗击后金（清）的历次战争中均发挥巨大作用，尤其是宁远大捷时作为火器分队把总的彭簪方受到崇祯皇帝表彰。

3. 幕府文职岗位

随着明军管理制度的流变，明军的战场指挥权被身为中央代理人的总督和巡抚掌握。这些人本身是文官，大多科举出身，对军事的了解有限，因此需要军事秘书襄办军务。于是在总督的幕府里出现了文职岗位。由于明朝有总督的地方，巡抚就不再直接管军队，而是作为地方最高首长临时负责管理军队的后勤等事宜，而巡抚作为一省最高统治者的制度在明朝后期基本成为定制，因此巡抚的办事机构中涉及军事指挥的文职岗位也就基本消失了。需要说明的是，实际上不仅地方督抚如此，作为明朝皇帝继承人的太子身边也出现了部分军事秘书岗位，身份和编制属于太子在军事上的老师和咨询者（詹事府的少詹事）①。一旦太子登基，这些人也出任新皇帝在军队的代理人和军国大事的咨询者，帮助皇帝管理明军，只不过这批人并不直接出任军职，他们往往担任军事外交的文官。总之幕府文职岗位职责比较隐秘，历史记录不多，个别记录也是这些人担任文官后的行状，比如作为礼部尚书监管外交从而利用职务之便负责采购先进装备等事宜的徐光启。历史上有很多名人担任过类似职位，如张居正曾在詹事府任职。

4. 马政文职岗位

在冷兵器时代，战马作为提供军队机动性的重要装备具有极其特殊

① 詹事府是服务未来的统治者皇太子的机构，内部有左春坊、右春坊、司经局等部门，置詹事 1 人（正三品）、少詹事 2 人（正四品）、府丞 2 人（正六品）。该府官员对最高统治者本人拥有直接影响力。明朝詹事府官员由皇帝精选文官出任，朱元璋选的詹事就是兵部尚书唐铎。

的战略意义和战术价值，因此历代莫不重视养马。明代在中央建立了太仆寺，在地方建立了行太仆寺，此处的“行”与“行省”的“行”意义相同，均为中央的派出机构之意。明代内廷用马由御马监负责。官马牧养有两套系统，一是由太仆寺、行太仆寺、苑马寺及各军卫负责的“官牧”，类似于唐代的牧监。二是民间牧养之民牧。南方由南直隶应天府负责，北方由直隶顺天府及山东、河南府负责。先有陕西、甘肃苑马寺，统辖六监，每监辖四苑。后有北京、辽东二苑马寺，规制与陕甘同。苑马寺分三等，上等苑有万匹马，中等七千，下等四千。每一役夫牧马十匹，五十役夫设圉长一员。马至三岁，太仆寺卿偕御史给马匹印烙。边卫、营堡、府州县军民配给马匹由行太仆寺职掌。因此太仆寺全寺均可视为文职岗位。

5. 明军的军事文官

明军的军事文官是一种特殊的指挥官。上文已述明朝中期明军指挥体制发生变化，军事文官出现。这些文官科举出身，本身已具有优秀的文化素质，但在进入文官体系之前需有军事体能基础和部分军事理论基础，科举及第以后，吏部将其分派到兵部的岗位锻炼之后留部发展，或担任御史督查军务，增加其对军事工作的了解，或以襄赞军务的身份进入军队幕府，成为文职参谋，之后方可能成为军事文官，直到担任统兵一方的总督巡抚等职，成为高级军事文官。

（二）清代文职岗位

1. 八旗绿营的笔帖式和拨什库

清入关前称有学问的人为“巴克什”（baksi），天聪五年（1631 年）改为“笔帖式”（bithesi），意为办理文件、文书的人。尽管根据历史记载，笔帖式主要是个文吏，他们日常从事翻译工作和记录工作，由于清入关前实行全民皆兵，因此笔帖式自然在清军中存在。入关后，兵部作为重要的军事机关，笔帖式广泛使用。笔帖式是清代国家正式官员，有品级。清代翻译和文案工作的岗位地位是逐渐下降的，原因第一是清朝进入繁盛期，战争减少，绿营地位下降，而八旗内部交流对笔帖式的需求并不旺盛；第二是到清朝雍正年间以后，社会上使用满语人口减少，随着大量满族人交流时使用汉语，翻译人员自然不再多用。

在满语中，拔什库有“催促人”之意，汉语名“领催”。拔什库专管“佐领”（满语“牛录”的汉译）内公文、书信工作以及军粮给养等杂项事务。与笔帖式岗位正好相反，拔什库尽管也办理军营内的公文、书信工作，但在清代仍然是个显要的岗位。1660 年，这些岗位正式更名为“骁骑校”，从此不再从事军队内的文书工作和军粮给养等任务，而是开始从事协助佐领统筹管理田地住宅、兵士的书籍、统属之下的住户和人口、骁骑营的操练等事务。此次变更，不仅是职位名称上的改变，更是本质上的改变。从管理文书和后勤类工作正式走上了指挥管理岗，实际上是摆脱了其受人之治、受人之用的状况，加强了岗位的管理职能和组织职能，从身为武官却干文职的尴尬境况变为了名副其实的武官，从本质上增强了该职位的权力。最后的结果是，实际上骁骑校尽管来源于拔什库，但岗位发展到清代中期已经成为武官，不再是文职岗位了。

另外，在汉军骁骑营中，有散秩官一职。光绪《清会典事例》记载：“乾隆十七年奏准，八旗汉军营领藤牌参领四人，散秩官、骁骑校各十六人。”散秩官，是清朝时期没有固定的职位和事务、跟从军队出行的官职名称。在清代，有爵位和俸禄却没有实际工作，有职务的位置却没有实际的权力，原本属于“闲散世职”。凡是这些无事可做而又无拘无束的官员，命令他们跟从所属旗军最高长官的办公机关出行，管理着机关内供人使唤的闲杂人等，所以将其称为“随旗行走散秩官”。他们也可以作为理事官补充在紫禁城外九门的士兵营地内，或者作为处理事务的章京补充在本旗的印务房和士兵营地内。随着汉军八旗日渐腐化堕落，相关岗位上的人员也日常饱食终日无所用心，人员日渐昏聩老迈，直到最终裁撤退出历史舞台。

此外有两个文职岗位存在于八旗最高长官八旗都统衙门的办公机关中，人数只有极个别，这两个岗位分别是印务参领和印务章京。1735 年，设印务参领一职，主要负责管理臣僚呈报皇帝的文书、印信和职务、档案等事务。印务章京就是协助印务参领管理臣僚呈报皇帝的文书、印信和职务、档案等事务。清世宗时，由于前文提及的原因，八旗实际上已经基本丧失战斗力，这两个岗位名义上是军队岗位，实际上由于八旗无法打仗，而成为统治阶层内部协调利益的民事岗位，处理日常往来公文而已。

2. 清代兵部的文职

兵部作为陆军部的前身，对于陆军部的开创和发展提供了先决条件和良好的基础。天聪五年（1631 年）正式成立兵部，下设主要机构四司，分别为武库清吏司、车驾清吏司、武选清吏司和职方清吏司，另外设有处理其他事务等单位。兵部各司人员及职掌见下表：

表 6－1　清兵部内文职岗位一览表

区分	人员	职掌
武选清吏司	郎中、员外郎、主事	武职官的考核、升迁与调补；考察各地险要，建立营讯；管理少数民族聚集的土司武职官（指挥、宣慰、招讨等使）承袭封赠等事。分诰敕、将材、升调等科以及都统房及分管各省的科，另有架阁科（档案），分管有关业务
职方清吏司	笔帖式、经承（其他与武选清吏司）	武职官的功过奖惩、功绩评定、关禁、海禁、安抚体恤、核过、军队的检阅仪式、考察审核等事宜
车驾清吏司	笔帖式、经承（其他与武选清吏司）	分管全国马政及传递文书等事务；管理各地马厂驼厂，以养育马、驼备用；负责分设驿、铺、站、台、塘、所等，预备人马车船及经费，办理驿驼事务，管理“邮符”的分发、查验等。分设搬运工人、马政管理、投递递送、驿传公文等科及马档房，分管本司各事
武库清吏司	笔帖式、经承（其他与武选清吏司）	负责管理全国兵士的名籍以及军用器械和武科举考试业务。分设五府、俸粮、编军、督学、及营等科，分管有关业务

资料来源：［清］允祹等编纂，杨一凡、宋北平主编：《大清会典（乾隆朝）》，第五十九卷，凤凰出版社 2018 年版。

3. 湘军淮军的长夫与营务处

清兵入关后明朝军队近代化的进程被打断，伴随近代化发展的那一部分文职岗位和文职人员也消失不见，直到清末太平天国运动。自 1852

年起，太平军不断出征讨伐，势头正盛，所到之处清兵皆以失败告终，此时清朝两支军队八旗和绿营已成强弩之末，不足以用，清政府察觉照此势下去必将走向灭亡，因此急切命令各省加紧操练士兵（团练）。但是曾国藩对团练这种方法持否定态度，觉得团练不足以对太平军造成重创，因此创立一支新的军队，也就是最著名的“湘军”。湘军和淮军作为镇压太平天国起家的私人武装，其一改传统的绿营和八旗兵制，在制度上多有创新。其中，对后来军队影响较为深远的就是湘军的后勤制度——长夫制。在湘军的长夫制中设立了后勤人员，针对绿营军制里士兵不仅要训练作战，而且要承担各种繁重差役这些诟病，长夫制就是在军营中设立后勤人员专门承担部队中的弹药运输与补给、搬运火绳、运送各种零星物品等事务。长夫开始时是从社会招聘到军营的，即使行军本身也并不携带武器，需要军队提供保护，其身份属于长期征用的民夫，本身并不属于军营，但由于湘淮军制的逐步定型走向封闭，这些长期雇佣的民夫也成为了勇营的正式一员，具有各营的正式编制。如《湘军营制》规定每营配属长夫 180 名，营部 78 名，营官亲兵队 14 名。当然，由于湘军采取兵将自招的原则，各营的营官有相当的自主权，所以各营的长夫编制并不统一，如有的营规定统领自带一营，统三千人以上月加 100 两白银，长夫 10 名，长夫的收入来源于军营发放的固定收入，一般每日 1 钱。湘军的营务处开始时类似于幕府，不能直接指挥军队，营务处里面主要是营官引进的儒生幕僚，这些人在营务处学习军事知识之后分派职务，无固定编制，岗位随设随撤。

4. 太平军的技术文职岗位

太平军以军为编制，每军大小不等，且太平军与湘淮军相比官兵比例不协调，官多兵少，这些多出来的官除了部分太平天国滥封的叠床架屋的指挥层外，还有大批专业技术文职岗位，如军需官、军械官、医务、刑律、文书、学典官等，共计 23 种 35 人。在太平军基层还有土营的土司、马队的文职岗位。土司是土营的专业技术文职人员，主要负责测量方位及进行土壤分析，以确定土工作业到什么方位、何种程度可以在城池下面填埋火药进而采用地爆的方式毁坏清军城池。马队的文职岗位主要编制的有兽医、铁匠若干名，营官帮办、字识各一名。

5. 北洋海军的文职岗位

北洋海军创立之时，在道员薛福成拟定的《酌议北洋海防水师章程》的基础上，结合英国海军制度，北洋海军副将刘步蟾拟定了北洋舰队的编制表。北洋海军的官职参考的是清军陆军旧制度，名号也叫提督、总兵直至千总把总之类，但不同的是，北洋海军的官员由于自身的高技术兵种属性，技术军官大量出现，当时叫“艺官”，大都是管轮学堂出身，担任各舰的管轮或司汽机（管理舰船动力系统），此外为士兵。与此同时，北洋海军编制内还出现了无固定编制的大批文职岗位，这些岗位往往是军事技术人才和海军教练员人才。需要说明的是，由于旧中国技术落后，大量的驾驶轮机、炮火等方面的军工技术和教育训练人才采取聘用外军人员的做法，也就是说这些文职实际上是外国人，当时叫洋员。这些文职岗位全部采用聘用制，清政府与洋员本人签订合同，其中赏罚、进退、工薪、路费等各项规定一应俱全。总体来说，清政府采取优待高技术人才的策略，如定远、镇远、济远共有人员八百五十名，洋员四十三人，洋员人均工资是中国人的八倍，北洋水师总教习琅威理月薪高达七百七十五两白银。

除了海军舰艇上的文职外，北洋海军系统还有数所院校，这些院校里主要培养舰队所需的专门人才，办学规模虽与现代军事院校相比不可同日而语，内部岗位也比较简单，但从教学内容和组织结构、招生和毕业分配看已与近现代军校无异。如福州船政学堂有将福州船政局作为军工企业办学的特点，北洋海军的天津水师学堂、威海水师学堂、旅顺鱼雷学堂等已与近现代海军院校组织形态很接近了，这些院校的出现标志着中国近代军事教育机构的萌芽和发展。这些院校里面有大批文职岗位，如教习、总教习，这批人服务中国海军建设但并不参与舰队的作战，一般来说可以按照聘用合同认真教学，使中国军队学到了比较先进的海军技术，对海军建设起到了积极作用。

6. 清末新军的文职岗位

由于清末新军是我国第一支近代化军队，因此为了适应编练这支军队的需要，出现了近代化的各种文职岗位。如练兵处文职、陆军部文职、督练公所（各省练兵机构）文职、院校文职、作战部队文职。总体来说各机构内部岗位繁多。仅以练兵处为例，作为我国第一个现代化的国家军事机构，其中的军政司就包括考供科、搜讨科、粮饷科、医务科、法律科、器械科，其中法律科科长就是文职官员赵学治，他本人原是四品衔候补道直隶州知州。特别需要指出的是，清末新军的科技含量比其他旧军队高出很多，集中表现在大量设置技术军官，创立了“军佐”这个技术军官类别，品级官阶参照指挥军官，只是在指挥军官前面加上一个“同”字，最多可以做到同正参领，相当于中级指挥军官的最高一级，与原北洋水师相比，我国技术军官地位大大提升。随着军事改革的深入，清政府设立了陆军部，陆军部不仅编练新军，而且统帅八旗、绿营、巡防营等旧军而且兼管海军，是唯一最高军事机构，这一机构里的岗位几乎都是文职。陆军部共设二厅十司，机构完备，如军制司设司长 1 人，承发官 1 人，内分七科，各设科长 1 人，共设三等科员 26 人，绘图员、艺师、艺士各 1 人，录事 12 人。清政府规定陆军贵胄学堂①毕业生分配政策是如毕业生愿做文职工作就分配去陆军部报到，如愿做武职则分到禁卫军，更加证明陆军部有大量文职岗位。

除了军政部门有大量文职外，在新建陆军常备军作为作战部队中也有大批文职，新建陆军作为一支多兵种合同作战的军队，各兵种无论步队、炮队乃至马队等均编配文职岗位，以常备军的步队（就是步兵）为例，每营除从管带到队官等各级指挥官以及战斗兵等武职人员以外，还编配字识四名、长夫一百名、文案一员、司账一员、清书一员、医官一名、医役四名、枪匠四名、缝匠四名，这些人员类似专业技术或专业技能型文职人员。

此外，长期处于西方列强的影响下，清政府在第二次鸦片战争之后，终于开始醒悟，认识到闭关锁国只会走向灭亡，只有向西方学习先进技术和先进军事理论知识，强大自身，方可救国于危难之中。因此在左宗棠、李鸿章等洋务派的推动下，清朝开始兴办军事学堂。学堂分为海军

① 陆军贵胄学堂是清末专门为王公大臣子弟开设的军事院校，教习全用中国人，学员均为王公贵族，如恭亲王溥伟和醇亲王载沣等曾在此就学。

学堂和陆军学堂两大类别。其中有福州船政学堂、贵胄学堂、天津武备学堂等。这些院校创办时间并不长久，但文职岗位也已经大批涌现。

以北洋速成武备学堂为例，该学堂以冯国璋为督办，教员采取聘任制，聘请了日本陆军步兵少佐多贺宗之及咸瑶圃、李泽均为总教习。在教学内容上第一学年习普通学科，打好通识课程基础，第二学年分专业也就是各兵种科学习。光绪二十九年（1903 年）八月在保定公开招考，录取 220 余人；另由北京八旗选送 30 人、练官营内选成绩较好的 50 人、常备军内选士兵 100 人，一同入学，建立四个学员队，于九月间开学。第一队皆常备军士兵取名官长班，专习军事学术，一年毕业。第四队选拔年少或志愿学习外国文字的 100 人，名洋文班，依各人志愿分别学习日、德两国文字，3 年毕业，主要目的是为了出国学习军事。不久，在保定东郊建筑新学舍，可容纳一二千人，将弁学堂合住于内，亦归冯国璋管理，原将弁学堂总办鄢玉春调任天津督练公所总办。第二期学生分为五、六、七队。年终第一队官长班举行毕业。复由二、三两队挑选 100 人为师范班，预备派往各省陆军学堂作为师资之用，亦定为一年毕业。各兵科除聘日本人专任教习外，并派方由日本士官学校毕业归国的曲同丰、王丕焕、田书年、崔霈、孙树林、毛继成等为教习。

其中随营学堂性质（类似于训练基地）的院校内部已批量使用文职人员，在这些军事学堂中，出现了“教员”“教习”一词，其中“教员”一词沿用至今。如“陆军贵胄学堂管教人员职责及任职要求”规定，“教员由优等师范学堂毕业生或有专门学业人员乃选派，兵学教员暂时聘用外国品端学粹之员”。新军军事学堂的教员任职要求有较好的国学基础，更侧重于多次参加任职培训从而具备相关业务能力，以曹汝英为例：1882 年，曹汝英开始进入广东实学馆学习知识，他的身份是文童也是该馆的首批学生。在之后的几年中，他先后作为绘图生就读于海图馆；之后于广东博学馆进修，并结合需求兼修海军驾驶专业；在学馆毕业以后，又参与了相关实践活动，在北洋舰队两艘战舰上应用所学知识实习的同时，也在进一步学习鱼雷技术；之后进修于北洋枪炮学堂，完成学业后登上定远舰任职；两年后他以驾驶教员和演练教习等身份回到广东水陆师学堂；十年后回到北京，在保定贵胄学堂担任监督员和教员。李鸿章于1884年将一部分德国军官请来中国聘任其为教习，学堂中对这些教习有另外一种称呼，为“洋教习”。学堂里为了方便学生练习开船，福州船政局专门选出在广东水师服役的铁胁木壳船广甲号做为广东水师学堂学生练习。广甲号上由中国人担任舰船总管和舰船副主管，任用外国人担任正教习、武器教员和船帆船缆操作教员。不仅如此，一旦这些科目聘用洋教官，还另外要使用掌握双语的文职人员做助理教官与翻译工作；基础科目普遍开设汉文（从性质上说类似现在军校的大学语文课程）、经史，普遍使用汉文教习。另一些院校则更加正规，主要是袁世凯创立的保定系军校。有北洋陆军速成武备学堂、马医学堂、宪兵学堂、经理学堂（后勤学院）、军械学堂等，这些院校大量开设基础课如写作、历史、数学等，这些承担基础科的教习为文职人员，且待遇较好。如北洋陆军速成武备学堂文职教习待遇为每月薪水二十五两白银，虽比军事科目的教官月薪低三十两，但从总体收入来看军职教官薪水丰厚，文职教习也是衣食无忧。

三、文职岗位在明清的发展

（一）后勤部门的大发展

服务作战的后勤岗位在明代有大发展，发展出了太仆寺系统负责全国战马的饲养和供给，但总体上来说，明代马政后勤岗位听从属于皇家的内监管理，是明代宦官拥有部分兵权的表现，本身不属于卫所系统。随着卫所制度崩溃，太仆寺制度也逐渐败坏了。到清代，为了控制军队，清军的各级将官尤其是绿营将官在体制上不能指挥后勤部门（清朝继承明朝部分制度，这是地方巡抚的事情，本身不归军队管），这不适应近代化军队的需要。到清末太平天国运动爆发，湘淮军是兵将自招，兵饷自理，自然更无法依靠原有的后勤系统，因此湘淮军只得自建后勤部门，这就是湘淮军的粮台，掌管粮饷、军械等事务。设总理事务一人总领台务。其下设文案、内银钱、外银钱、军械、火器、侦探、发审、采编八所，分办各项事务。里面的人员不跟随湘淮军上战场，粮台也往往部署在战场后方，可认定为文职人员，从此，粮台制度的建立成为中国近代后勤部门并入军队之始。

（二）军事文官的系统发展

元朝以马上得天下，尽管也有部分火器，但由于元朝实行部落兵制，作战主体是蒙古贵族及其下辖的部落人口，因此文武区分并不明显。到明清时期，总督巡抚拥有兵权的这种制度的出现是新鲜事物。总督巡抚的出现过程前文已述。在各军内部，总督直接掌管的部队称为督标，巡抚的部队称为抚标，这部分部队由总督或巡抚直接调配，还有部分专业部队，主要有漕运、河道等等，各省督抚通常无法指挥，如河道绿营则由河道总督管理。其他绿营兵是本省提督管辖，提督本人受兵部和总督双重领导，在地方军队的指挥系统中属于总督的下属，提督作为高级武官，通常由军机处直接任命，地方总督作为高级文官无法直接任免提督。但到了清末，绿营形同虚设，地方上基本靠湘、淮等私兵系统维持。湘淮勇营首领出任督抚，督标、抚标自然是督抚的亲兵，会从勇营将领中选取，提督如果没有与总督巡抚有密切联系，实际上无法任职，因此督抚对提督以下军官的控制权大大增强，各级军官与督抚逐步形成依附关系，总的形势是兵权逐步下移，中央基本失去对军队的控制能力，直到最后出现北洋军阀。

（三）军事技术的发展催生技术保障岗

随着火药武器等装备军队，军事技术的发展使得军队在技术保障岗位的需求逐步出现。元朝军队内部本身就有技术保障岗位，到明朝，这些岗位编制扩大，人数变多，还出现了专门负责传承军事技术与经验的教官岗。具体情况前文已述。到清代前期，军队近代化的进程被打断，主体退回到弓马骑射的年代，随着清朝走向强盛，对外战争基本停止，火器更加抛弃不用，以至于鸦片战争时使用的火器甚至有康熙年间制造的，火器既然逐步不用，其技术保障岗位也就逐步淘汰了。随着太平天国运动和洋务运动兴起，洋枪洋炮重新装配部队，技术保障岗位也逐步出现。这些岗位本身多由官兵本人兼职，但总体上来说由于官兵文化素质低下，技术保障岗位难以胜任，战争结束后新式武器又弃之不用，保障人员也就更无用处了。

清末北洋海军是人类战争形态进入近代化战争的产物，自身要求高素质人才的技术保障，因此出现了大批文职岗位，但需要注意的是这些岗位无固定编制，事毕解职。这批岗位分两种，一种是舰队上的文职，一种是提供人才、装备保障的院校和军工技术文职。前者主要由洋员担任，全部与清政府签订合同，实行高薪聘请，到期解聘，一般长的两三年，短的数月，不终身雇佣，这些人不仅需要作战而且要带教中国官兵掌握作战方法和军事技术。后者一般由洋员担任，不参与舰队作战，但提供技术保障和人才培训等专业技术服务，也签订合同，到期解聘。在甲午战争中，这些聘任制文职表现尚佳，以提供技术保障和人才培训服务的文职为例，他们的成果也就是北洋海军的装备可以遂行海上作战任务，而海军官兵也具备了海战的基本素质；以提供岗位带教的舰队文职为例，他们不仅培养出了一批批具备海战能力的北洋水师官兵，而且和北洋水师官兵一起战斗，表现英勇，其中致远舰管理机务英国人尼格路士战死海疆，黄海大战时这批聘用制文职八人中阵亡两人，受伤四人。

（四）营内技能文职分类出现

明代出现了京营等众多的军队，到了清代，湘淮勇营直到新建陆军（北洋军），内部的文职也批量涌现，各有发展，包括两种：一种技术水平较高，是技术文职，如教育训练；一种侧重于专业技能，如石工。技术仅以教官为例，明代的编制三人的武学教官到清代演变为行营学堂教官、将弁学堂教官、速成学堂教官，直到演变为正规军校教员，甚至出现了指挥学院的教官和技术学院的教官。前者如北洋军学司主管的各大指挥学院的教官，典型的如陆军大学堂教官、保定军校教官和云南讲武堂等地方军校教官。后者如在经理学堂（后勤学院）、马医学堂、军医学堂等任职的教官。可以说，这段时间，我国军事教育迅速发展，编制体制迅速调整，级别逐步增加，从类似于教导队性质的训练基地到全国全军性质的高级指挥学校都已出现。这些院校均有文职岗位和文职人员，里面包括北洋速成学堂的教官、留学归国教官甚至大批日本、德国外籍教官。作战部队内部也出现文职岗位，类似于今日的专业技能岗位，仅以当时技术水平最高的工程营为例，其编制如下：

表6－2　清末新军工程营编制表

区分	人员	编制
营部	管带官1人，帮带官1人，文案1人，委员1人，护勇8人，号兵6人，长夫10人	辖桥梁、地垒、修械、电雷、测绘、电报司队各一
桥梁司队	队官1人，队长2人，书识1人，护勇4人，长夫4人（官、兵、夫兵111人）	木工4个队：每队正副头目1人，木工兵8人，伙夫1人。铁工1个队：头目1人，铁工兵9人，伙夫1人。绳工2个队：头目1人，绳工兵9人，伙夫1人。水工2个队：每队正副头目各1人，水工兵8人，伙夫1人
地垒司队	队官1人，队长2人，书识1人，护勇4人，长夫4人（官、兵、夫兵193人）	筑工4个队：每队正副头目各1人，筑工兵8人，伙夫1人。石工1个队：头目1人，石工9人，伙夫1人。篚工2个队：每队头目1人，篚工兵9人，伙夫1人。土工2个队：每队头目1人，土工9人，伙夫1人
修械司队	队官1人，队长1人，书识1人，护勇2人，长夫4人，机器习事4人，学兵10人（官、兵、夫兵66人）	修枪铁工队：正副头目各1人，铁工兵8人，伙夫1人。修枪铁匠2个队：每队正副头目各1人，铁工兵8人，伙夫1人。修械木工队：正副头目各1人，木工兵8人，伙夫1人
测绘司队	队官1人，测绘习事6人，印代习事4人，学兵4人，护勇2人，长夫4人（官、兵、夫43人）	测绘兵队：正副头目各1人，正兵8人，伙夫1人。印代兵队：正副头目各1人，正兵8人，伙夫1人
电雷司队	队官1人，队长2人，管雷习事6人，学兵10人，书识1人，护勇2人，长夫4人，伙夫1人（官、兵、夫60人）	雷兵3个队：每队正副头目各1人，雷工兵9人，伙夫1人

续表

区分	人员	编制
电报司队	队官1人，发报习事6人，护勇2人，长夫2人（官、兵、夫22人）	工匠队：头目1人，雷工兵9人，伙夫1人

资料来源：张华腾主编：《清末新军》，人民出版社2019年版。

可以明显看出，起源于湘军的长夫仍然沿用，编制在清末新军中，编制中的官、兵和夫兵其实对应于三种人，官是工程营中的各级指挥官，兵在工程营中承担作战职能，而夫兵就是对应于提供作战保障的技能文职岗位，如编制表中的伙夫、铁工兵、修枪铁匠等。

（五）全国性到地方性的文职军政机关

为了满足编练新军的需要，清政府再次实行军事改革，从中央到地方设置了近代化的各种军政机关，如练兵处、陆军部、督练公所（各省练兵机构），这些机构中大批使用文职人员，明朝军政机关基本上只有中央的兵部人员来源为科举出身的文官，在顶层设计上军政军令不分，军队后勤更不归军队自己办理，明朝制度设计者为了拆分军权还利用宦官掌握火器、战马供应部门，从而使明朝军制较为混乱，各军事要素叠床架屋，难以形成合力，有助于君主专制，但降低了军队的灵活性。清代前期也没有统一管理全国军队的军政机关，八旗归八旗都统衙门管理，绿营则归兵部和各地督抚管理，清代末期出现了统一管理全国军队的陆军部和军咨府，在地方出现了督练公所。

所谓练兵处兴起于1903年，1901年为满足发展新兵的需求，朝廷下谕令要求编练新兵，于是全国各地响应号召，紧锣密鼓地进行着新军编练。虽然都在操练新军，但是并不是都像袁世凯或者张之洞那样认真操练，其他总督也并没有完全契合谕旨的要求操练新军，有的人为了应付朝廷，敷衍操练，并没有建新军，而是直接由原来的绿营、练军或者是防军略加改变充数，还有的用临时招募而来的人滥竽充数。在这样的情况下，“新军”领导不一，训练情况和装备并不齐全，与朝廷操练新军的目的不同。编练新兵是朝廷为了优化新的国防力量，改变现状而展开的，各地多是敷衍应付。基于这一情况，为满足最初的目标，朝廷开始以更加合适的方式巩固武装力量，于 1903 年 12 月 4 日设立了练兵处。练兵处掌管全国新兵训练、文武员弁考核奖惩、任免升降、军饷、军械厂局、新练官兵人数、编制、学堂等等，实为军令所出、综揽全国军政的总汇之地，是陆军部成立之前清朝重要的军事领导指挥机构。练兵处下面设有军政、军令、军学三司。军政司，分管新练文武员弁升降调补、薪俸、奖赏官兵人数、军制、征募、军需、后勤、军法等事宜。军令司掌运筹机宜，策划防守，培养军事人才，赞佐练兵处出纳号令及用兵机密事务。军学司主要负责军事训练，拟定学堂章程，整饬武备学堂，主持选派留学生等。虽然练兵处只存在了短短的三年时间，但是它的成立对新军编练起到了巨大的推动作用。相比兵部而言，它新增军学司，明确规定了留学生选派的标准和章程，促进了新式学堂的建立，大批量培养了优秀的军事将才和作战指挥。它制定了新军两大制度：新军军衔制度和新军军官制度。此做法不仅明确了新军军官的等级分化，而且提高了军官在社会层面的主体地位，随之而对应的文职官员在军校和学堂中的地位也有明显提高。这一时期，清朝规划了未来新军长远的发展蓝图和前进方向，编练的新军成为后来清末新军的中坚力量。

所谓陆军部起源于 1906 年，也是光绪三十二年。为提高军事力量，清政府在内部展开了官制改革，其中涉及到更名和合并等。兵部直接改为陆军部，下面纳入了练兵处和太仆寺。该部门设尚书 1 人，左右侍郎、左右丞、左右参议各 1 人。4 年之后，也就是宣统二年十一月，撤掉了尚书、侍郎、丞、参各官，并改置正副大臣、参事官、检察官，以及驻扎各省调查员及部副官等。在对比兵部的职能和陆军部职能之后可以发现，后者不止掌管了整个国家武职官员铨选、训练、军队编制、军事教育学堂、预算和后勤费用等，而且还拥有比较诱人的权利——统帅全国军队。陆军部下设承政、参议两厅和军衡、军乘、军计、军实、军制、军需、军学、军医、军法、军牧等十司以及捷报处。同时其兼管海军处和军咨处。1910 年并两厅十司为承政、军衡、军需、军医、军法、军牧和陆军审计、军学二处。

表 6－3　清末新军陆军部内部情况

<table>
<tr><th>区分</th><th>职掌</th><th>组成</th><th>附注</th></tr>
<tr><td>领导</td><td>负责全部业务</td><td>尚书、左右侍郎、左右丞、左右参议各一</td><td rowspan="15">一、各厅、司共有科员二百余人，承发官、译员、绘图员、艺师、艺士、录事等一百余人，候补司员三百余人
二、宣统二年（1910 年）十一月，裁尚书、侍郎、丞参各员，改设正、副大臣任领导，并两厅十司为八司（减军乘、军计、军学三司，增承政一司），设军学、审计二处
三、陆军部一度兼管海军处、军咨处。海军设正、副使一人，下设机要、船政、运筹三司，后增改为海政、船政、筹备、储蓄、医务、法务六司，各设司长、司副各一人，并设科长、承发官、科员、考工官、艺师、艺士、股长、股员、录事等若干人。军咨处负责全国筹防用兵事务，设正、副使各一，下分一、二、三、四各司及测地司，各司设司长一人，科长科员若干人</td></tr>
<tr><td>承政厅</td><td>主管全部一般性业务</td><td>分设秘书、典章、庶务、收支四科；每科设科长一，科员若干</td></tr>
<tr><td>参议厅</td><td>研究、资讯、检查工作</td><td>设咨议官，检察官共十余人</td></tr>
<tr><td>军衡司</td><td>军职人员的任免</td><td rowspan="10">除军法司不设科外，各司根据业务情况分设二——七科不等。每司设司长一人，科员若干人</td></tr>
<tr><td>军乘司</td><td>军马、驿站等管理</td></tr>
<tr><td>军计司</td><td>考核军职人员的功过</td></tr>
<tr><td>军实司</td><td>器械、弹药的管理补充</td></tr>
<tr><td>军制司</td><td>军队的编制、编成</td></tr>
<tr><td>军需司</td><td>粮秣、服装、装具的筹划补充</td></tr>
<tr><td>军学司</td><td>军官、军队教育</td></tr>
<tr><td>官医司</td><td>军队医务事宜</td></tr>
<tr><td>军法司</td><td>有关武职人员的法律事宜</td></tr>
<tr><td>军牧司</td><td>关于军用马匹的牧养、补充</td></tr>
<tr><td>捷报处</td><td>通信、联络事宜</td><td>总办一人，差官数十人，各省提塘十余人</td></tr>
<tr><td>马馆</td><td>负责本部马匹管理</td><td>监督一人，业务人员若干</td></tr>
</table>

资料来源：李冬久、田跃安：《清末新军建设述评》，《西安联合大学学报》2000 年第 3 期。

陆军部的成立，更加细化了军队内部的分工，使每司掌管的事务之间区分非常明确、互不干涉。改名后的陆军部，规模较兵部有了进一步提高，其下设置了多个处室部门。比如粮饷局、军械局等物资部分，军医局等保障部门以及执法营务处、督操营务处、教习处、参谋营务处等直属机关部门。这是军种机关第一次成批出现在中国军队中，是军种机关走向近代化的开端和奠基者。

四、文职人员代表人物及其贡献

（一）署理马政的杨一清

明景泰五年（1454 年）十二月六日，杨一清出生于广东高州府化州，他早年被誉为神童，年仅十四岁即参加了当地的科举考试，成化八年（1472 年）考中进士，任职中枢，之后在陕西任职八年，平时空闲时考察边疆战事。弘治十五年（1502 年）被兵部尚书刘大夏推荐，明朝廷以南京太常寺卿都察院左副都御史的头衔任命杨一清督理陕西马政，具体负责饲养和管理战马，他在任职期间平定边疆进犯、弹劾贪庸总兵武安侯郑宏，并裁减镇守中官费用，使得军纪严明。明武宗即位后，数万蒙古军入侵固原，总兵官曹雄拒绝派兵援助。杨一清于是率轻骑自平凉昼夜行军，抵御入侵并发动奇袭，击退蒙古军的进犯。此后，杨一清以延绥、宁夏、甘肃三地有警不相援，请求朝廷任命大臣兼任管理。刘大夏于是请求朝廷任命杨一清总制三镇军务（陕甘总督），此后晋升为右都御史。他历经成化、弘治、正德、嘉靖四朝，为官五十余年，官至内阁首辅，号称“出将入相，文德武功”，才华堪与唐代名相姚崇媲美。

（二）抗倭文官谭纶

谭纶（1520—1577 年），字子理，号二华，汉族，江西宜黄县谭坊人。谭纶年少时饱览诗书，思维敏锐，智力过人，性格沉稳，嘉靖二十三年（1544 年）中进士。授职为南京礼部主事，后谭纶调任职方郎中，职方司是明代兵部的官员。《明史·职官一·兵部》记载，“以郎中主司事，掌舆图、军制、城隍、镇戍、简练、征讨之事；三年一报地图，以听征调之令；阅视修浚城池，因事增置镇戍将校，设兵屯戍；巡视操练，请命将出师，悬赏罚、调兵食、记功过，及关津、缉捕、整顿军伍诸事。

南京兵部亦置，掌守卫南京内外城门及皇陵，操练各营及江操官军，维持南京地方治安等”。通过这个职务的锻炼，谭纶增加了对南京地区附近明军的了解，增长了军事才能。随后他于嘉靖二十九年（1551 年）调任台州知府，主要任务是防御侵扰沿海的倭寇。由于明代军制逐渐崩坏，原有的军队已无法使用，于是谭纶在当地招募民兵练兵御倭，于嘉靖三十七年（1558 年）三战三捷。嘉靖四十二年（1563 年），受任福建巡抚，剿灭福建倭寇，收复兴化。隆庆二年（1568 年），他出任东北地区最高军事长官蓟辽总督，采取积极防御政策，从居庸关到山海关修建防御台三千座。明神宗即位后，他被任命为兵部尚书，不久去世。明朝追封他为太子太保，谥号“襄敏”。此外，谭纶著有军事著作《说物寓武》二十篇。

（三）军事秘书徐光启

徐光启（1562—1633 年），汉族，字子先，号玄扈。徐光启是上海法华汇人，现该地改名徐家汇即与徐光启有关。徐光启以其科学成就、政治主张名垂青史，他官至崇祯朝礼部尚书兼文渊阁大学士、内阁次辅。万历三十二年（1604 年），徐光启进士及第，入选翰林院，成为了一名庶吉士。万历四十五年（1617 年）任詹事府左春坊左赞善，成为太子的军事秘书，万历四十七年（1619 年），徐光启以少詹事兼任河南道御史，在通州督练新军。明天启年间，徐光启奉召返京，力请使用红夷大炮帮助守城。

徐光启在军事上力图用西方传入的技术装备结合中国的实际情况，训练出一支精锐的部队，以改变明王朝的危局。在兵器装备上他不仅支持发挥火器的威力，而且认为要想发挥火器的威力，保障设施也要建好。他强调炮台和战车的重要性，守城要建炮台，野战要建战车，战车可以打击骑兵、保护炮兵，已具备后世步坦协同的部分观点。他特别讲究武器装备的精良，因此，特别重视西方火器重视创立炮兵军事制度是徐光启建军思想的一大特点。在军事理论和军事技术上，徐光启督练新军期间撰写了《选练百字诀》《选练条格》《练艺条格》《束伍条格》《形名条格》《火攻要略》《制火药法》等等。其中《选练条格》中分选士、选艺、束伍、形名、营阵五章，在募选知、训练、指挥、战法等方面都提出了一些重要思想，其实是徐光启的军队建设思想，如关于选拔士兵，他提出“以勇、力、捷、技四者取之”。他特别强调军队要有严明的纪律，行动要一致，“如擂鼓要进，就赴版汤蹈火也要进；鸣金要退，后面有水火也要退。众人共一耳，共一目，共一心，此齐众之一法，阵无有权不坚，敌无有不破矣”。《火攻要略》分别介绍了新式火器以及使用这些新式火器的胜敌之道。《制火药法》介绍了炼硝、炼硫和制炭的新方法，其关键是硝取其清、硫求其净、炭择其轻。还介绍了火铳（粗药）、鸟铳（细药）和火门药方等。

（四）军事技术专家赵士祯等

随着火器的批量使用，明朝出现了一批对火器生产和制造做出杰出贡献的专家，如赵士祯。他曾对多种火器加以改造，改造后的火器实用性增强，杀伤力增强，装备军队后战斗力可以提高。1598 年，赵士祯仿西域鲁密铳制成新式火枪，发火装置得到改良，枪支上装了刀具，已与现在上刺刀的枪支有类似之处。同在这一年，赵士祯还发明了一种转轮发射的武器，取名为迅雷铳。他著的《神器谱》《备边屯田车铳仪》等书，受到英国著名学者李约瑟高度评价。《神器谱》现存为郑振铎《玄览堂丛书》北京图书馆藏的抄本。此书成于万历二十六年，当年进呈并刊刻。前冠「进器疏」，并有王延世序，末附自跋，正文分「原铳」「图式样」「打放架势」「神器杂说」四个部分。明刊本合作一卷，《千顷堂书目》分作四卷，孙诒让因而疑赵氏「别有认定足本」。恐未必然，盖《书目》按上述四个部分，析作四卷。“进器疏”主要讲战争中使用枪炮的利益；“原铳”讲述火器的渊源以及作者得到铳之经历；“图式样”是四种火铳的构造图，包括总装图、部件图、附件图及其简要的文字说明；“打放架势”是使用步枪的各个动作的图示并配有文字说明，其实是操作指南；最后是“神器杂说”计 31 条，分别介绍了各种枪型的性能、优缺点、制造工艺、使用方法，以及火药生产等等。

清代有清初火器制造专家戴梓（1649～1726 年），他通兵法，懂天文算法，擅长诗书绘画，是一个难得的博学多才之士。康熙十三年

(1674 年)，在福建的耿精忠响应吴三桂起兵叛乱，进犯浙江。朝廷派康亲王杰书为奉命大将军，率清军赴闽浙征讨耿精忠，戴梓以布衣应聘从征。康熙十五年（1676 年），以收复江山城有功，被授予道员。耿精忠叛乱平定后，戴梓随杰书到了北京，受到了康熙的召见。康熙二十六年（1687 年），他成功制造出“冲天炮”（又称“子母炮”），该炮威力巨大、锐不可当，被康熙封为“威远大将军”，后在平定噶尔丹叛乱的昭莫多之战中发挥了重要作用。另外，戴梓还发明了一种名叫“连珠火铳”的武器，也叫二十八连珠火铳。铳背是弹匣，可贮存28 发火药铅丸。铳机有两个，相互衔接，扣动一机，弹药自落于筒中，同时解脱另一机而击发。它的形状很像琵琶，能够连续射击 28 发子弹。这个故事的记载最早当属清乾嘉时著名学者纪晓岚所撰《阅微草堂笔记》一书。此书成于嘉庆三年（1798 年），刊行于嘉庆五年(1800 年)，其中卷十九《滦阳续录（一）》中记载纪晓岚与戴梓的后人戴遂堂交谈时，遂堂言其先德“本浙江人，心思巧密，好与西洋人争胜，在钦天监与南怀仁（西洋人，官钦天监正）忤，遂徙铁岭，故先生为铁岭人。少时见先人造一鸟铳，形若琵琶，凡火药铅丸皆贮于铳脊，以机轮开闭，其机有二，相衔如牝牡，扳一机则火药铅丸自落筒中，第二机随之并动，石激火出而铳发矣。计二十八发，火药铅丸乃尽，始需重贮，拟献于军营，夜梦一人诃责曰：上帝好生，汝如献此器，使流布人间，汝子孙无噍类矣。乃惧而不献”。据此有人认为是戴梓发明类似机关枪的速射武器。

(五) 英勇牺牲的北洋海军洋教习尼格路士

清政府建立北洋海军后，由于并不掌握近代化海军指挥和技术，清政府一方面加强训练以增强军队作战能力，另外通过引进国际人才，从而使北洋海军建设水平有了很大提升。主要表现在清政府聘请了一些洋员担任北洋舰队的总教习和炮术、驾驶等各科教习。其中尼格路士由此来到中国任职于“定远”舰。1894 年 9 月 17 日的黄海海战时，“定远”舰中弹起火，尼格路士与中国官兵一起，奋不顾身，舍命救火。不幸被弹片击中，身负重伤。在陈军《事迹与文献：甲午黄海海战北洋水师中的洋员》（《军事历史研究》2015 年第 4 期）一文中记载尼格路士负伤后，同在“定远”舰服役的洋员泰莱做了如下记述：“可怜尼古尔士负伤偃卧。‘苦痛欤？否，无所苦痛。惟予知予命毕矣；为上帝之故，勿舁予至可怖之铁甲层。听予留此可得观战之处，平安以死”。泰莱同意了他的要求，并找来军医为其进行止血，但由于尼格路士伤势严重，泰莱“每返视一次，见彼体状愈劣，其后痛不可忍，索吗啡，予之”。最后，尼格路士“语及其女，及对伊之愿望，乃卒”。黄海海战后，李鸿章在《奏请奖恤海战出力伤亡洋员折》中请求清廷“按照西国章程，给予三年薪俸，以示体恤”。清廷准奏。参加甲午黄海海战的北洋水师 8 名洋员，在作战中或受伤或阵亡，他们分别是德员汉纳根、哈富门、哈卜们、阿璧成，英员戴乐尔、尼格路士、余锡尔和美员马吉芬。

（六）军咨府大臣载涛

载涛是光绪帝同父异母的弟弟，光绪十三年（1887 年），载涛生于北京。光绪十六年（1890 年），封二等镇国将军，不久晋升辅国公。光绪二十八年（1902 年），袭贝勒。光绪三十四年（1908 年）12 月，加郡王衔，与铁良等任总司稽察。清廷新设禁卫军后，任专司训练禁卫军大臣。宣统元年（1909 年）6 月，奉命管理军咨处事务。宣统二年（1910 年）2 月，赴日、美、英、法、德、意、奥、俄八国考察陆军；5 月，派任赴英国专使大臣。宣统三年（1911 年）5 月，任军咨大臣并掌管禁卫军，后任蒙古镶黄旗都统。宣统三年（1911 年）四月，清政府成立“皇族内阁”后，将军咨处改为军咨府。原管理大臣改称军咨大臣，载涛为军咨大臣。军咨府下设 7 厅，分别为总务厅、第一厅（作战）、第二厅（情报）、第三厅（交通与通信）、第四厅（测量）、第五厅（史志）与海军厅，厅下设科。由于清政府迅速覆灭，军咨府下辖各部门的工作实际上没有开展多少就走下了历史舞台。去职后的载涛命运坎坷，直到中华人民共和国成立后被任命为中国人民解放军炮兵司令部马政局顾问。此外还历任总后勤部民政局顾问、国家民委委员、北京市民委副主任、民革中央委员。是第一至三届全国人大代表，第二、三届全国政协委员。1970 年 9 月 2 日，载涛在北京逝世，终年 83 岁，骨灰安放在北京八宝山革命公墓。

（七）军校教员严复

清末军事改革剧烈发生，军事教育领域的文职人员逐步彰显出来，较为典型的代表是严复。严复的《天演论》广为人知，但他的军事教育方面亦有很大贡献，这是其作为文职人员的不广为宣传的贡献，其实，这才是他的主要谋生工作。1867 年严复进入福州船政学堂学习驾驶（船艇指挥），1871 年从学堂毕业，为该学堂第一届毕业生，先后在“建威”“扬武”两舰实习 5 年。1877 年 3 月严复被选送赴英国学习海军，两年后毕业于当时世界上著名的海军院校——位于伦敦格林威治的皇家海军学院（Royal Naval College）。学成归国后，严复接受聘请，到福州船政学堂教书育人，1880 年，严复到天津出任北洋水师学堂“洋文正教习”一职，后升任总教习，1889 年派为北洋水师学堂会办，1890 年升为北洋水师学堂总办。

严复为北洋水师学堂带来了西方现代海军管理思想和教学理论，他主导的北洋水师学堂曾被时人推崇为“实开北方风气之先，立中国兵舰之本”。北洋水师学堂当时有中外籍教员授课，其中英文是主科，因为海军以英国海军为最强，其他开设的课程有类似今日的文化基础课，如地理、代数、几何、水学、热学，有类似于今日的专业背景课，如天文学、气候学、绘图、测量，有类似于今日的实操类科目，如枪炮操演、鱼雷、机械仪器使用等。此外还需学习中文经籍，进行中国传统典章制度教育。课程修满后学生不能直接任职，需要上船实习，实习合格者可以任职。该校培养的学生很多被分配到北洋海军中出任各级军官参加作战或成为各行各业的领军人物，如冰心之父谢葆璋、后来的大总统黎元洪、南开大学创始人张伯苓等。1884 年 12 月 21 日，李鸿章专上奏折，为天津水师学堂请奖。[①]

① 李鸿章撰，吴汝纶编：《李文忠公全書》，金陵刻本，1905 年。

（八）北洋陆军学堂教官曲同丰

曲同丰字伟卿，山东福山人，16岁弃科举业，投“泰安号”军舰，自学轮机驾驶。后调北洋水师主力舰“定远号”，任二等轮机员参加甲午海战。“定远”舰中弹起火，曲同丰落水获救。战后投效袁世凯，并入天津武备学堂改习陆军。1898年（光绪二十四年），曲同丰考取清政府官费留日生，入日本陆军士官学校预科振武学校，经过数年学习，他于1903年12月升入日本陆军士官学校第三期步兵科。归国后，先后任北洋常备军统带、云南第二十九镇步兵统带等职。1907年起，在北洋陆军速成学堂、将弁学堂任教员。后升任北洋学堂武学科科长、陆军部军官学堂监督，直到出任保定军校校长，后因故去职。

五、述评

明清时期，统治者出于一贯的稳固统治的需要，在吸取辽宋夏金元时期不完善的文官管理军队造成武将地位不高、战斗力下降的教训，一方面对军事机构进行调整，尽管仍然启用文官参与军事活动，但除个别时期并不刻意打压武将，以忠于儒家忠孝传统的文官控制原本为文官的兼职将领，这一时期统治者希望通过严格的军队事权制约和有效的制度安排达到控制的目的，在军事机构职位设置上进行了调整，由此催生了一批军队文职管理岗以及参与军事管理活动的文职人员。如清代末期的左宗棠本身是文官但组织起武力保卫清廷。明清时期发达的军事手工业也规模化地应用于部队建设，特别是明代广泛利用引进的火器制造工艺，制造出了新式火药武器并在实战中发挥了重要的作用，这些具有专业技术特长的人员来到军营成为军匠，参与到新式武器的生产与设计等工作中，他们是这一时期技术文职的缩影。

随着世界局势的变化，大航海时代的来临，使这一时期成为多国家、多民族竞争发展时期，明清政权为了与地方割据政权长期对峙，双方围绕军事实力的消长或战或和，军事实力成为了竞争焦点，各政权都委派专门人员负责保障武器装备生产、军事训练考核、粮秣辎重采供、军事人才培养等非战斗行动任务，并设置相应的编制及职位，初步构成了较为完善的部队后勤保障体系、军队教育训练体系，军队中文职人员的作用逐渐凸显，对保障军事行动顺利开展做出了不可磨灭的重要贡献。

随着明清时期人类军事文明发展逐渐走上近代化道路，明军也出现了近代化萌芽，尽管清兵入关后一度打断，但清末时期国家内忧外患，军队被迫继续走近代化的路子。这是明清军事演变的总规律。具体来说明朝末期出现的小型火炮分队在清末淮军中成为广泛列编的劈山炮队。随着高技术兵种逐步出现、军队技术水平提高，清军技术军官队伍出现、技术文职的作战保障力度和管理类文职的军队建设功能也逐步加大，在中央出现文职军政部门、在各省出现文职国防训练部门、在作战部队内部出现文职编制和文职雇员、在军政部门下面出现大量包含文职教员的军事院校，从内部结构看清末新军已与近现代军队组织结构很相近，仅以北洋速成武备学堂为例，由光绪二十九年八月起至三十三年底止，4年余前后毕业学生就达到约1000人。明清阶段是古代军事制度文职制度发展的最高峰，文职人员在各类岗位上也发挥着越来越大的作用，贡献着自己的聪明才智，为中国军队近代化转型默默地做出了自己的贡献。

参考文献

张华腾主编:《清末新军》，人民出版社 2019 年版。

波音:《王朝的家底：从经济学角度看中国历史》，群言出版社 2016 年版。

岑仲勉:《隋唐史》，商务印书馆 2017 年版。

陈寅恪:《隋唐制度渊源略论稿　唐代政治史论述稿》，商务印书馆 2016 年版。

戴均禄:《隋唐军府新考》，《唐山学院学报》2015 年第 3 期。

邓文韬:《唐末至宋初定难军节度使及其僚属的兼官与带职》，《西夏研究》2016 年第 4 期。

范学辉:《宋代三衙管军制度研究》，中华书局 2015 年版。

范中义:《论明朝军制的演变》，《中国史研究》1998 年第 2 期。

冯浩:《先秦时期骑兵研究》，河北师范大学，硕士学位论文，2010 年。

高姗:《唐后期河北三镇使府文职僚佐迁转考》，《文化纵横》2014 年第 2 期。

葛少旗:《曹魏军师制度》，《珞珈史苑》2014 年第 00 期。

龚留柱:《关于秦汉骑兵的几个问题》，《史学月刊》1992 年第 2 期。

郭长海:《金代名臣名将传》，哈尔滨出版社 1998 年版。

何平立:《略论西汉马政与骑兵》，《军事历史研究》1995 年第 2 期。

赫治清:《中国军事制度史（军事教育训练制度卷)》，大象出版社 1997 年版。

胡宏起:《两汉军费问题研究》，《中国史研究》1996 年第 4 期。

黄纯艳：《宋辽西夏金元财政史（第五卷）》，湖南人民出版社 2015 年版。

黄今言：《东汉中央直辖军的改革》，《安徽史学》1996 年第 2 期。

黄今言：《论两汉的赋役制度及其演变》，《秦汉史论丛》1983 年第 2 期。

黄今言：《秦代租赋徭役制度初探》，《秦汉史论丛》1981 年第 1 期。

黄朴民、魏鸿、熊建平：《中国兵学思想史》，南京大学出版社 2018 年版。

黄寿成：《嬗变、趋同及比较——北朝后期民族认同及区域文化研究》，中国社会科学出版社 2019 年版。

黄松平：《晚清军事文化变迁与军事技术进步》，国防科技大学博士论文，2014 年。

箭内亘、陈捷、陈清泉：《辽金乣军及金代兵制考》，山西人民出版社 2015 年版。

江立新：《先秦武库试探》，《江西师范大学学报》1987 年第 1 期。

蒋文孝：《从出土文物看秦汉养马业及其相关问题》，《农业考古》2001 年第 3 期。

景红录：《李商隐的幕府生涯及其影响研究》，《河南工业大学学报》（社会科学版）2017 年第 2 期。

邝盛彦：《西汉骑兵的起源与作用考辨》，《世纪桥》2007 年第 10 期。

兰书臣：《中国文化通志·兵制志》，上海人民出版社 1998 年版。

李斌：《从〈尹湾武库永始四年兵车器集簿〉看汉代兵种构成》，《中国历史文物》2002 年第 10 期。

李方昊：《朱元璋草创时期对文官在军事上的任用》，《黑龙江教育学院学报》2007 年第 1 期。

李古寅：《汉代河西军屯管理机构探讨》，《西北史地》1983 年第 4 期。

李古寅：《汉代河西军屯管理机构探讨》，《西北史地》1983 年第 4 期。

李浩楠：《金代花帽军初探》，《宋史研究论丛》2009 年第 12 期。

李鸿章撰，吴汝纶编：《李文忠公全書》，金陵刻本 1905 年版。

李零：《吴孙子发微》，中华书局 2014 年版。

李蓉：《隋唐军事征伐礼仪》，国防工业出版社 2015 年版。

李文泽：《金代女真族科举考试制度研究》，《四川大学学报（哲学社会科学版）》2003 年第 3 期。

李翔：《中唐藩镇掌书记的由来演变》，《历史教学》2014 年第 6 期。

李翔：《中晚唐五代藩镇文职幕僚研究》，南开大学，2014 年。

李新峰：《明前期军事制度研究》，北京大学出版社 2016 年版。

李遇春：《汉长安城武库遗址的发掘》，《人文杂志》1981 年第 5 期。

刘春香：《魏晋南北朝时期的军事医学》，《许昌学院学报》2015 年第 34 卷第 1 期。

刘光华：《西汉屯田的亩产和经济作用》，《光明日报》1988 年 7 月 27 日。

刘军：《北魏军司考论》，《军事历史研究》2016 年第 4 期，第 67—76 页。

刘旭：《中国古代火药火器史》，大象出版社 2004 年版。

刘彦威：《西汉王朝的边疆经略》，《中国边疆史地研究》1997 年第 3 期。

刘昭祥、王晓卫：《军制史话》，社会科学文献出版社 2013 年版。

《六韬·王翼》，中华书局 2016 年版。

罗尔纲：《绿营兵志》，商务印书馆 2011 年版。

罗尔纲：《湘军兵志》，中华书局 1984 年版。

马克思·恩格斯：《马克思恩格斯全集》，人民出版社 1995 年版。

马亮宽：《李泌与中唐政治》，《历史教学》1995 年第 10 期。

《墨子閒诂》，中华书局 2017 年版。

皮明勇：《中国近代军系丛书：湘军》，山西人民出版社 2012 年版。

柒侠：《辽宋西夏金代通史》，人民出版社 2010 年版。

杉山正明：《疾驰的草原征服者：辽西夏金元》，广西师范大学出版社 2014 年版。

上官绪智：《秦汉军队后勤保障问题研究》，华中师范大学，2004 年。

沈苏：《魏晋南北朝边塞诗研究》，华东师范大学，2018 年。

史凡：《金代兵器初步研究》，《内蒙古社会科学（文史哲版）》1996 年第 3 期。

《史记·商君列传》，中华书局 2014 年版。

史丽君：《历代兵制》，中华书局 2017 年版。

史式：《史式文集：太平天国词语汇释》，广西师范大学出版社 2015 年版。

宋德金：《金代女真族俗述论》，《历史研究》1982 年第 3 期。

孙继民：《唐代行军制度研究（增补本）》，中国社会科学出版社 2018 年版。

孙闻博：《八十年来秦汉军制研究述评》，《中国史研究动态》2014 年第 3 期。

孙植：《岑参的功名理想与诗歌创作》，《石家庄学院学报》2013 年第 2 期。

《孙子兵法》，上海古籍出版社 2006 年版。

陶新华：《北魏孝文帝以后北朝官僚管理制度研究》，巴蜀书社 2004 年版。

田昭林：《中国战争史（第二卷三国两晋至隋唐五代）》，江苏人民出版社 2019 年版。

丸桥充拓：《唐代军事财政与礼制》，西北大学出版社 2018 年版。

王冬：《明代五军都督府研究》，陕西师范大学硕士论文，2014 年。

王盾：《湘军史》，岳麓书社 2014 年版。

王建军：《辽朝枢密使研究》，河北大学硕士学位论文，2007 年。

王可宾：《辽代女真官制考略》，《史学集刊》1990 年第 4 期。

王其坤：《中国军事经济史》，解放军出版社 1991 年版。

王祥：《李商隐桂幕时期文研究》，沈阳师范大学，2010 年。

王晓波：《宋辽战略考》，四川大学出版社 2011 年版。

王毓铨：《明代的军屯》，中华书局 2009 年版。

王子今：《两汉军队中的“胡骑”》，《中国史研究》2007 年第 3 期。

《尉缭子·吴子》，中州古籍出版社 2010 年版。

谢成侠：《中国养马史》，科学出版社 1959 年版。

谢成侠：《中国养马史》，农业出版社 1991 年版。

熊剑平、储道立：《中国古代情报史》，金城出版社 2019 年版。

熊铁基、周鼎初：《秦始皇军事思想探微》，《文博》1990 年第 5 期。

熊伟：《隋代府兵军府机构设置与沿革释证》，《阴山学刊》2015 年第 2 期。

薛英群：《汉代符信考述》，《西北史地》1983 年第 3 期。

阎步克：《波峰与波谷——秦汉魏晋南北朝的政治文明》，北京大学出版社 2017 年版。

阎铸：《我国骑兵的诞生和发展》，《文史知识》1986 年第 5 期。

杨希义：《中国军事通史第十卷》，军事科学出版社 1998 年版。

于志嘉：《卫所、军户与军役——以明清江西地区为中心的研究》，北京大学出版社 2010 年版。

袁世凯：《袁世凯奏议》，天津古籍出版社 1987 年版。

袁庭栋：《古代的军队》，中信出版集团 2019 年版。

袁庭栋：《古代的职官》，中信出版集团 2019 年版。

曾瑞龙：《经略幽燕：宋辽战争军事灾难的战略分析》，香港中文大学出版社 2003 年版。

曾瑞龙：《拓边西北——北宋中后期对夏战争研究》，浙江大学出版社 2019 年版。

张承宗：《魏晋南北朝妇女从军考》，《南通大学学报》2005 年第 21 卷第 1 期。

张程：《天下大政——中国政治制度史话（先秦至隋唐卷）》，中国民主法制出版社 2019 年版。

张华腾：《清末新军》，人民出版社 2019 年版。

张金龙：《唐前“兵部”尚书研究》，中华书局 2018 年版。

张小稳：《魏晋南北朝时期内侍官加官对象的扩展及其原因》，《中州学刊》2013 年第 10 期。

张玉兴：《东晋南北朝城局参军考略》，《廊坊师范学院学报》2019年第35卷第1期。

赵德鑫：《张之洞全集》，武汉出版社2008年版。

赵尔巽等撰：《清史稿第14册》，中华书局1976年版。

赵现海：《明代九边军镇体制研究》，东北师范大学博士论文，2005年。

中国军事编写组：《中国历代军事制度》，解放军出版社2010年版。

周炎明、尹海清：《北洋军阀政府时期军队文职人员制度浅探》，《求实》2011年第1期。

周兆望：《魏晋南北朝时期的女兵》，《江西社会科学》1997年第2期。

朱大渭等：《中国军事通史第八卷两晋南北朝军事史》，军事科学出版社1998年版。

祖大祥：《唐、五代军事制度概述》，《历史教学》1990年第2期。

后　记

《中国古代文职人员制度研究》是为了适应军队人员现代化的需要而编撰的一部科普性读物。编写组成员紧密围绕文职人员的定义和文职岗位，着眼于古代、近代军事制度的发展演变，开拓视野，积极协调，统筹安排，排除种种困难，终于撰成本书。

本书通过充分酝酿，查阅资料、撰写初稿，修改完善、形成定稿，寻求漏洞、精益求精，谋划出版等环节。编写组调研论证，找准切入点，尤其悉心探究古代近代军制文职人员的特点与范围，提出具体计划与方案，制定编写计划，按照建设计划和时间步骤，查阅大量资料。继而集体讨论，并组织撰写明清一章为体例，随后按照任务分工，积极撰写各自章节。在通力完成后进行了多次研讨，并呈军事科学院专家征询意见，完成最后修改，形成定稿。

本成果由武警工程大学资助出版，在大学和基础部的积极指导和慨然帮助下，编写组同仁夜以继日，兢兢业业，集体攻关编撰而成。具体撰写分工大致如下：马溯川负责先秦部分，张青负责秦汉部分，刘雯雯负责魏晋南北朝部分，闫博负责隋唐部分，张芝龙负责辽宋夏金元部分，李岑星负责明清部分。编写过程中，武警工程大学基础部主任王莉、协理员安琳，以及基础部副主任张红兵、李鹏等，给予了编写组大力支持。教材审定过程中，不少专家给予中肯、精辟的指点和建议。于此，对各位领导、专家和同仁，表示最衷心最诚挚的感谢！

由于时间紧迫，难度大，特别是材料选编过程中所涉及古今材料和内容相当庞杂，故在一些文职制度的理论问题和语言表述上还难尽人意，在此恳请各位专家和读者不吝赐教，批评指正，当万分感谢。

“长风破浪会有时，直挂云帆济沧海”，以此句来表达编写组与大家的共勉，在未来的路上，我们将不断砥砺前行！

编写组

二〇二二年春